| 지은이 | 린다 굿맨L[illegible]

1925년 미국의 웨스트버 [illegible] 린다 굿맨은 방송인이자 저널리스트였으며 시인이자 천문해석가였습니다. 린다 굿맨은 제2차 세계대전 동안 〈린다의 러브레터Love Letters from Linda〉라는 유명한 라디오 프로그램을 진행하면서 명성을 얻기 시작했습니다. 그 이후 미국의 동부와 남동부 지역 신문에 기고를 하면서 본격적인 저술 활동을 시작하였고, 흑인 인권 운동가이자 미국도시연맹National Urban League의 회장이었던 휘트니 영Whitney Young의 연설문을 작성하기도 했습니다. 린다 굿맨이 풍부한 임상 경험과 인간에 대한 깊은 이해를 바탕으로 집필한 『당신의 별자리』는 1968년 출간 이후 공전의 히트를 기록하였습니다. 천문해석학 분야의 책으로는 처음으로 「뉴욕 타임스」 베스트셀러 목록에 오르는 쾌거를 이루었고, 1978년 출간된 『사랑의 별자리Linda Goodman's Love Signs』 또한 「뉴욕 타임스」 베스트셀러 목록에 올랐습니다. 그녀의 책들은 40여 년이 지난 지금까지 전 세계 독자들의 사랑을 받고 있는 고전이며 베스트셀러입니다. 책 곳곳에는 네 명의 자녀를 둔 어머니로서 자녀들에게 전해 주고 싶은 아름답고 따뜻한 경험과 지혜가 스며들어 있습니다. 그녀는 콜로라도 주에 있는 크리플 크리크에서 말년을 보냈으며, 그녀가 살던 집은 현재 여행자들을 위한 게스트하우스가 되었습니다. 1995년 향년 70세로 생을 마감했습니다.

| 옮긴이 | 이순영

1970년 강릉에서 태어나고 자랐습니다. 한국외국어대학교 영어과를 졸업한 뒤 여러 기업체에서 해외 업무를 담당했습니다. 2009년 도서출판 북극곰을 설립하여 환경과 영혼의 치유를 주제로 일련의 책들을 꾸준히 발간하고 있으며, 번역가로도 왕성하게 활동하고 있습니다. 번역서로는 노베르트 로징의 『북극곰』, 마르타 알테스의 『안돼!』, 엠마누엘레 베르토시의 『나비가 되고 싶어』가 있으며, 린다 굿맨의 『사랑의 별자리』도 곧 아름다운 우리말로 선보일 예정입니다.

당신의 별자리

쌍둥이자리

Linda Goodman's Sun Signs

전 세계 1억 독자의 마음을 사로잡은 작가 린다 굿맨
열두 별자리 지구인에 대한 가장 따뜻한 심리학

당신의 별자리

쌍둥이자리

5. 22 ~ 6. 21

린다 굿맨 지음 | 이순영 옮김

진정으로 지인들을 이해했던 쌍둥이자리 마이크 토드를 위하여

그리고 물고기자리 멜리사 앤과의 약속을 지키기 위해

이리하여 이상한 나라가 생겨났네.
이렇게 서서히 하나씩 하나씩
이상한 사건들이 일어나고
이제 하나의 이야기가 만들어졌네.

감사의 말

나의 벗이자 스승인 처녀자리 천문해석가 로이드 코프의 도움과 조언에 깊이 감사드립니다. 로이드의 격려와 신뢰가 없었다면 이 책은 그저 양자리의 여러 꿈 중 하나로만 남아 있었을 것입니다.

★ 열두 별자리 개요

별자리	상징	기간	지배행성	구성 원소	상태
양자리 *Aries*	♈	3.21~4.20	화성 *Mars*	불	활동
황소자리 *Taurus*	♉	4.21~5.21	금성 *Venus*	흙	유지
쌍둥이자리 *Gemini*	♊	5.22~6.21	수성 *Mercury*	공기	변화
게자리 *Cancer*	♋	6.22~7.23	달 *Moon*	물	활동
사자자리 *Leo*	♌	7.24~8.23	태양 *Sun*	불	유지
처녀자리 *Virgo*	♍	8.24~9.23	수성 *Mercury*	흙	변화
천칭자리 *Libra*	♎	9.24~10.23	금성 *Venus*	공기	활동
전갈자리 *Scorpio*	♏	10.24~11.22	명왕성 *Pluto*	물	유지
사수자리 *Sagittarius*	♐	11.23~12.21	목성 *Jupiter*	불	변화
염소자리 *Capricorn*	♑	12.22~1.20	토성 *Saturn*	흙	활동
물병자리 *Aquarius*	♒	1.21~2.19	천왕성 *Uranus*	공기	유지
물고기자리 *Pisces*	♓	2.20~3.20	해왕성 *Neptune*	물	변화

★ 용어 설명

- **천문해석학**astrology : 인간이 태양과 달을 포함한 행성들의 영향을 받는다는 전제 하에 태어나는 시간과 장소에 따른 행성들의 위치에 근거하여 사람의 성격과 삶에 대하여 풀이하는 학문으로, 일명 점성학이라고 알려져 있음.
- **출생차트**natal chart : 태어나는 시간과 장소에서 본 행성들의 위치.
- **충돌 각도**hard aspect : 출생차트의 행성들이 서로 90도나 180도를 이루고 있는 경우.
- **태양별자리**sun signs : 태어난 시간과 장소에서 볼 때 태양이 위치하고 있는 별자리.
- **달별자리**moon signs : 태어난 시간과 장소에서 볼 때 달이 위치하고 있는 별자리.
- **동쪽별자리**ascendant : 태어난 시간과 장소에서 볼 때 동쪽 지평선에 위치하고 있는 별자리.
- **영역**house : 태어난 시간에 태어난 위치에서 보이는 하늘을 12구역으로 나눈 것으로 인생의 다양한 경험 분야를 의미함.
- **경계선**cusps : 각 영역의 시작점.

★ 별자리(태양별자리)란?

'태양별자리'라는 말은 당신이 만약 쌍둥이자리라면 당신이 태어난 시간에 태양이 쌍둥이자리라 불리는 곳에 위치해 있었고, 그 시기는 대략 5월 22일에서 6월 21일 사이라는 것을 의미합니다. 그 기간은 천문해석학 책에 따라 약간씩 다를 수 있습니다. 실제로 태양별자리가 바뀌는 시점은 정해져 있지 않습니다. 자정에 바뀐다고 가정하면 매우 간단한 일이지만 실제로는 그 시간이 하루 중 언제가 될지 알 수 없답니다. 예를 들어, 지난 몇십 년 동안은 양자리가 황소자리로 바뀌는 날은 4월 20일이었습니다. 그러니 4월 20일은 때에 따라 양자리가 될 수도 있고 황소자리가 될 수도 있는 것입니다. 출생차트를 뽑아 보지 않으면 사실은 양자리인 당신이 평생 황소자리라고 잘못 알고 살 수도 있는 것입니다. 어떤 별자리가 시작하는 날이나 끝나는 날에 태어난 사람이라면 정확한 출생 시간과 출생 장소(위도 및 경도)를 알고 있어야만 어떤 별자리인지 정확하게 알 수 있습니다.

※ 이 책에 인용된 시들은 모두 루이스 캐럴의 작품에서 빌어 왔음을 밝혀 둡니다.

　한국어판에서는 비룡소에서 출판한 『이상한 나라의 앨리스』와 『거울나라의 앨리스』를 참조하였습니다.

※ 개인의 출생차트는 윈스타winstar 프로그램이나 http://www.astro.com 등을 이용하여 볼 수 있습니다.

※ 이 책의 각주는 모두 역자가 단 것입니다.

목차

태양별자리를 어떻게 이해할 것인가

오래 전 이야기가 시작되었으니
여름의 태양이 그 빛을 발하고 있을 때
우리가 노 젓는 박자에 맞추어
울려 퍼지던 단아한 종소리

언젠가 당신은 출생차트의 상세한 내용을 알고 싶어질
때가 올 겁니다. 하지만 출생차트를 이해하려면 우선 무
엇보다도 태양별자리를 이해해야 합니다. 우리는 잡지
나 신문에서 단순히 열두 가지로 분류된 별자리 운세를
흔히 볼 수 있습니다. 그런데 별자리 운세를 읽는 것과
개개인의 태양별자리를 이해하는 것을 혼동하지 않았으
면 합니다. 별자리 운세는 대체로 아주 그럴듯한 내용으

로 당신의 관심을 끌지는 몰라도 오류가 전혀 없다고 할 수는 없습니다. 당신의 성격과 에너지를 전문적이고도 정확하게 분석하려면 당신이 태어난 정확한 날짜와 시간에 근거한 출생차트가 필요합니다.

하지만 이런 별자리 운세를 '누구에게나 해당하는 뻔하고 일반적인 내용을 모아놓은 잡동사니'로 치부해 버리는 경향도 경계해야 합니다. 이 또한 사실이 아니니까요. 그러한 예언(암시라는 말이 더 적합하겠지만)은 황소자리나 물고기자리 또는 처녀자리에게 각각 적용되는 것이지 열두 별자리 모두에게 마구잡이식으로 적용되는 이야기는 아닙니다. 별자리 운세는 실력 있는 전문가들이 출생차트의 태양별자리를 비롯하여 그 시기에 하늘에서 움직이는 여러 행성들 사이의 각도를 수학적으로 계산하여 작성하므로 어느 정도까지는 예측이 가능합니다. 그러나 중요한 것은 그러한 예측들이 개개인의 출생차트에 있는 태양별자리와 여덟 개의 행성 및 달의 각도를 정확하게 반영하지 않기 때문에 개인별로 완벽하게 맞아떨어지지는 않는다는 것입니다. 이러한 결함을 감안하고 본다면 별자리 운세는 흥미롭고 도움이 될 만한 정보입니다.

태양은 모든 별 중에서도 가장 강력한 별입니다. 태양은 인간의 성격에 지대한 영향력을 미치기 때문에 태양별자리에 대한 해석만으로도 그날 태어난 개인에 대해서 놀라울 정도로 정확하게 설명할 수 있습니다. 태양의 전자기 파장(현재의 연구조사 수준에서는 이렇게밖에 표현할 수 없습니다.)은 우리가 인생을 살아가면서 태양별자리의 기질을 지속적으로 발현해 나갈 수 있도록 해 줍니다. 태양별자리가 인간의 행동과 특징을 분석하는 데 사용하는 유일한 요소는 아니지만, 상당히 중요한 의미를 차지하고 있습니다.

어떤 천문해석가는 태양별자리를 다루는 책들이 민족별·직업별 특징을 무시하고 인간의 특징을 일반화했다고 주장하기도 합니다. 그러한 생각에 대해 이해는 하지만 동의할 수는 없습니다. 물론 태양별자리를 잘못된 태도로 사용한다면 사람들을 호도하기 쉽다는 것은 사실입니다. 하지만 분명한 것은 출생차트 없이 태양별자리를 해석하는 것만으로 탁월하게 인간을 분석하고 본성을 이해할 수 있다는 사실입니다.

개인의 태양별자리는 대략 80퍼센트 정도 정확하며 가끔은 90퍼센트까지도 정확한 경우가 있습니다. 이 정도라면 아무것도 모르는 것보다는 훨씬 낫지 않을까요? 물론 나머지 10~20퍼센트도 매우 중요하므로 무시할 수는 없습니다. 하지만 우리가 한 사람의 태양별자리를 안다면 이미 기본적인 정보들을 얻게 되는 것입니다. 태양별자리에 관한 지식을 신중하게 적용한다면 위험성은 전혀 없다고 할 수 있습니다. 우리가 나머지 10~20퍼센트로 인해 잘못된 정보를 얻을 수도 있다는 점을 유념한다면 자신 있게 태양별자리를 해석할 수 있습니다.

그렇다면 태양별자리란 무엇일까요? 태양별자리란 당신이 태어나서 첫 숨을 들이쉬던 그 순간 태양이 있던 특정한 위치, 즉 양자리·황소자리·쌍둥이자리 등을 말합니다. 이는 천문학자들이 계산해 놓은 천문력 ephemeris에 따라 추출해 낸 정확한 위치를 의미합니다. 일러두기에서 밝힌 바와 같이 어떤 태양별자리가 시작하는 날이나 끝나는 날에 태어난 사람의 경우에는 정확한 출생 시간과 출생 장소의 위도 및 경도를 알아야만 어떤 태양별자리에 해당하는지 정확하게 알 수 있습니다. 다시 말해 이 책을 포함하여 모든 천문해석학 책에서 태양별자리가 시작하는 날과 끝나는 날은 대략적인 날짜라는 점을 반드시 기억해 주길 바랍니다. 이 시작하는 날과 끝나는 날을 경계선이라고 하는데, 이 경계선은 다소 혼란스러운 부분이 있습니다. 어떤 천문해석가는 이 기간을 조금 더 길게 보는 경우도 있지만, 어쨌거나 초보자는 헷갈릴 수밖에 없습니다. 그러나 당신이 태어난 날의 태양별자리가 쌍둥이자리라면 아무리 그 날짜가 경계선에 가깝다고 하더라도 쌍둥이자리라고 보아야 합니다. 쌍둥이자리 앞 별자리나 그 다음 별자리의 영향력을 무시할 수는 없지만, 그렇다고 해서 당신을 황소자리나 게자리로 바꿀 정도로 쌍둥이자리의 특성이 가려지지는 않습니다. 특정 별자리에 위치하고 있는 태양의 광채를 약화시킬 수 있는 것은 아무것도 없으며, 경계선 상에 태어난 경우 생기는 약간의 변수조차도 태양별자리의 특성을 완전히 바꿀 만큼 강력하지는 않습니다. 당신이 태어난 시간이 경계선에 해당하는지 정확하게 확인하고, 그런 경우라면 약간은 참작하되 그 다음에는 그 사실을 잊어버려도 괜찮습니다.

출생차트란 무엇일까요? 출생차트란 당신이 태어나던 순간에 하늘에 있던 모든 행성들의 위치를 마치 사진을 찍듯이 정확한 수학 계산에 따라 재구성한 지도라고 이해하면 좋습니다. 발광체인 태양과 달을 비롯하여 여덟 개의 행성이 있으며, 당신이 태어나던 순간에 위치한 12개의 별자리와 10개의 별들이 서로 맺고 있는 각도 및 위치가 당신의 삶에 영향을 미치게 됩니다.

예를 들어 당신이 6월 9일에 태어났다면, 태양이 쌍둥이자리에 위치하므로 쌍둥이자리이며 쌍둥이자리 특성 열 가지 중 대략 여덟 가지를 띠게 될 것입니다. 하지만 감정을 주관하는 달이 양자리에 위치한다면 당신의 감정적인 태도는 양자리의 특성이 나타납니다. 지성을 주관하는 수성이 전갈자리에 있다면 당신의 지적 처리 과정은 종종 전갈자리 특성을 나타내며, 언행을 관장하는 화성이 황소자리에 있다면 당신은 황소자리처럼 느리게 말하는 경향이 있을 것입니다. 또한 금성이 염소자리에 있다면 사랑을 비롯한 예술적이고 창조적인 일에서 염소자리와 같은 태도를 보일 것입니다. 그러나 이런 모든 행성들의 위치로 인한 특성도 태양별자리인 쌍둥이자리의 기본적인 특성을 완전히 없앨 수는 없습니다. 다른 행성들의 위치는 당신이 지닌 복잡한 성격에서 나오는 다양한 모습을 다듬어 주는 역할을 할 뿐이랍니다.

당신을 완벽하게 이해하기 위해서는 다른 요소들도 고려해 보아야 합니다. 먼저 당신이 태어난 시간에 여덟 개의 행성과 두 개의 발광체인 태양과 달이 어떤 각도를 맺고 있는지 살펴보아야 합니다. 그 각도에 따라서 해당 별자리의 영향력이 결정됩니다. 하지만 가장 중요한 것은 당신의 동쪽별자리와 동쪽별자리가 태양과 달 그리고 다른 행성들과 맺고 있는 각도입니다. 동쪽별자리는 상승점ascendant 또는 일출점rising이라고도 하는데 당신이 태어난 순간 동쪽 지평선에 있던 별자리를 의미합니다. 동쪽별자리는 신체적인 겉모습에 상당한 영향을 미치고,(물론 태양별자리도 겉모습에 많은 영향을 줍니다.) 태양별자리가 표현하는 지향성의 토대가 되며 당신의 진정한 내면을 구성합니다. 예를 들어 쌍둥이자리인 당신의 동쪽별자리가 물병자리라면 당신은 상당 부분 물병자리 성향을 띠기 때문에, 쌍둥이자리 특성 중에서 당신에게 있을 법한 특이한 성격이나 은밀한 욕망이 잘 드러나지 않는 이유가 궁금해질 것입니다. 모든 출생차트에서 태양별자리 다음으로 중요한 두 가지 요소는 바로 동쪽별자리와 달별자리입니다.

동쪽별자리를 알고 나서 태양별자리와 함께 차트를 해석하면 매우 흥미로운 사실을 깨닫게 됩니다. 바로 자신의 전체적인 성격에 대해 놀라울 정도로 정확하게 설명할 수 있다는 사실입니다. 여기에 세 번째 요소인 달별자리까지 고려해서 해석하면 당신의 성격에 대해 훨씬 더 정교한 그림을 얻게 됩니다.

다음으로 각 영역의 별자리도 고려해야 합니다. 영역은 출생차트에서 수학적으로 계산된 위치로, 당신의 다양한 삶의 분야에 영향을 미칩니다. 모두 열두 개가 있으며 각 영역마다 하나의 별자리가 할당됩니다. 첫 번째 영역은 항상 동쪽별자리의 지배를 받고, 나머지 열한 개는 시계 반대 방향으로 순서대로 위치하면서 열두 별자리를 완성합니다. 천문해석가는 당신이 태어난 정확한 시간과 장소에 근거하여 출생차트를 뽑고, 열두 개 영역에 해당하는 각 별자리들의 의미를 해석하고, 또한 각 영역에 들어가 있는 행성들의 의미를 고려합니다. 앞서 설명한 모든 요소들을 섞어서 당신의 성격, 잠재력, 그리고 과거의 과오와 미래의 가능성을 분석하는 것이 바로 종합적인 천문해석 기술입니다. 이것이 바로 천문해석가들의 시간과 노력 그리고 지식이 필요한 부분입니다. 차트를 계산하는 것 자체는 특정 수학 공식만 적용하면 상대적으로 간단하게 끝나는 일입니다.(최근에는 태어난 날짜, 시간, 장소를 입력하면 간편하게 출생차트를 볼 수 있는 별자리 프로그램이 다양하게 개발되어 있습니다.-역자)

하지만 우리는 결국 이 책에서 주로 다루는 태양별자리 이야기로 돌아갈 수밖에 없습니다. 어떤 면에서는 당신이 쌍둥이자리라고 하는 것은 당신이 뉴욕 출신이라고 말하는 것과 같은 맥락이라고 할 수 있는데 이것이 지나친 일반화는 아니기 때문입니다. 당신의 별자리를 알아내는 일보다 뉴욕 어느 바에서 텍사스 출신을 찾거나 텍사스 어느 식당에서 뉴요커를 찾아내는 일이 더 쉽지 않을까요? 조지 왕조 시대*의 정치가와 시카고 산업

---

* 조지 왕조 시대(Georgian era, 1714~1830): 조지1세~조지4세가 재위했던 영국의 중기와 후기 르네상스 시대.

시대의 사업가 사이에는 상당한 차이가 있지 않을까요? 당연히 매우 분명한 차이가 있습니다.

당신이 텍사스 출신이며 업무상 회의에 곧 참석할 어떤 사람에 대해 얘기하는 중이라고 가정해 봅시다. 누군가 "그 사람 뉴요커야."라고 말하면 즉각적으로 어떤 이미지가 떠오를 것입니다. 텍사스 사람보다는 말이 빠르고 짧을 것이며, 인간 관계에서도 텍사스 사람보다는 덜 따뜻할 것이고, 인사치레 없이 곧바로 사업 이야기로 들어갈 것입니다. 또한 서둘러 계약서에 서명하고 바로 동부로 날아가는 비행기에 몸을 실을지도 모릅니다. 섬세한 구석이 있을 것이고, 정치적인 면에서는 텍사스 사람보다 더 자유분방할 것입니다. 그렇다면 왜 이러한 순간적인 인상이 상당히 맞아떨어지는 것일까요? 왜냐하면 뉴욕 사람들은 빠르게 돌아가는 도시에 살고 있기 때문에 느리게 행동했다가는 지하철에서 자리도 못 잡고 비 오는 날 택시도 못 잡기 때문이지요. 어쩌면 계속해서 어깨나 팔꿈치를 문질러 대는 통에 품위 없어 보일 수도 있으며, 최신 연극도 보고 최고의 박물관에도 가봤을 테니 당연히 취향이 세련될 것입니다. 높은 범죄율과 복잡한 도시 생활로 인해 텍사스 사람만큼 가까운 이웃들에게 따뜻한 관심을 가질 리가 없으니 그의 성격이 다소 냉랭할 거라고 추측할 수 있습니다.

물론 뉴요커 중에 느리게 말하는 황소자리도 있고 천천히 움직이는 염소자리도 있겠지만, 텍사스에 사는 황소자리나 염소자리처럼 느리지는 않을 것입니다. 그렇지 않을까요? 또는 아무리 빨리 말하고 행동하는 쌍둥이자리라 할지라도 텍사스에 사는 쌍둥이자리가 뉴욕에 사는 쌍둥이자리만큼 빠르지는 않을 것입니다. 모든 것이 상대적이랍니다.

자, 그럼 그 사람이 뉴욕에 산다고 칩시다. 그리고 이제 이탈리아 출신이라는 사실도 알아냈다고 가정해 봅시다. 다른 이미지가 그려집니다. 여기에 그가 텔레비전 방송작가라고 한다면 또다른 이미지가 떠오릅니다. 게다가 결혼했고 자녀가 여섯 명이라고 하면 이젠 완전히 새로운 그림이 나타납니다. 그러므로 (비록 이것이 유추이고 모든 유추가 불완전하기는 하지만) 그가 뉴요커라고 말하는 것은 그가 쌍둥이자리라고 말하는 것과 유사하고, 다른 정보들은 그의 달별자리가 처녀자리이고 동쪽별자리가 전갈자리라는 것과 상응합니다. 하지만 추가 정보 없이 그가 뉴욕에 산다는 사실 하나만으로도, 그가 어느 도시 출신인지 모를 때보다는 훨씬 나은 상황에 있는 것이지요. 같은 방식으로 출생차트 없이 어떤 사람이 쌍둥이자리인지 사자자리인지 아는 것만으로도 불같은 성격의 사수자리를 대하고 있는지 현실적인 황소자리를 대하고 있는지 전혀 모를 때보다는 그 사람에 대해 많은 정보를 갖고 있는 셈입니다.

상세한 출생차트는 사람의 성격에 대해 보다 자세한 내용을 명확하게 드러내 줍니다. 출생차트를 보면 그의 삶 속에 녹아 있는 약물 중독, 자유분방한 성행위, 불감증, 동성애, 일부다처제, 정서장애, 가족으로부터의 소외, 또는 가족에 대한 집착, 숨겨진 재능, 경력 또는 부자가 될 수 있는 잠재성 등에 대해 두드러진 경향을 알수 있습니다. 또한 정직과 부정직, 잔인함, 폭력, 두려움, 공포와 정신적 능력에 대한 경향도 분명하게 보여 줍니다. 이와 더불어 인생의 시기에 따라 일시적으로 두드러지는 성향도 잘 보여 줍니다. 뿐만 아니라 사고나 질병에 대한 민감함이나 면역력도 나타나고, 알코올, 섹스,

일, 종교, 자녀, 로맨스 등에 대한 숨겨진 태도 또한 드러나는 등 그 리스트는 무궁무진합니다. 정확하게 계산된 출생차트에 비밀이란 있을 수 없습니다. 개인의 자유의지가 경험하고자 하는 본인의 결정을 제외하고는 말이지요.

그러나 이렇게 완벽하게 분석하지 않더라도 누구나 태양별자리에 대한 이해만으로도 얻는 지식이 있으며, 태양별자리에 대한 지식은 우리가 서로에게 보다 더 관대할 수 있도록 해 줍니다. 상대방의 태도가 인간의 본성에 얼마나 깊이 뿌리 내리고 있는지 이해하고 나면, 당신은 그들의 행동에 대해 보다 더 동정심을 느끼게 됩니다. 태양별자리를 알고 나면, 냉정하고 균형 잡힌 전갈자리 부모가 보기에 불안하고 안절부절못하는 쌍둥이자리 아이가 실제로는 민첩하고 영리한 아이라는 사실을 깨닫고 인내심을 갖게 됩니다. 외향적인 학생은 내성적인 교사를 이해하게 되며 외향적인 교사는 내성적인 학생을 이해하게 됩니다. 처녀자리가 모든 머리카락을 한 올 한 올 가지런히 정리해야 하고 문제들을 철저히 조사하며 해결하기 위해 태어났다는 점을 이해하면 그들의 까다로움도 참을 수 있게 됩니다. 너무 바빠서 감사할 이유를 찾지 못하고 어디로 가고 있는지 알아채지 못하며 남의 발을 밟고 서 있어도 알아차리지 못하는 사수자리의 경솔함은 말할 것도 없습니다. 사수자리가 어떤 희생을 치르더라도 진실을 말할 수밖에 없는 사람이라는 사실을 알게 되면 그들의 솔직함에 상처를 덜 받게 됩니다.

염소자리 친구가 당신이 건넨 선물에 일언반구의 감탄사도 내뱉지 않아도 당신은 심하게 상처받지 않을 것입니다. 염소자리는 마음속으로 깊이 고마워해도 그 기쁨을 공개적으로 표현할 줄 모르는 사람들이라는 것을 알고 있으니까요. 염소자리가 타인에게뿐 아니라 스스로에게도 엄격한 원칙을 들이대는 사람들이라는 것을 알면, 의무를 강조하는 그들의 고집 때문에 덜 속상해하게 됩니다. 천칭자리의 끝없는 논쟁과 우유부단함도 단지 공정하고 공평한 결정을 내리기 위해 애쓰는 그들 태양별자리의 특징이라는 것을 알고 나면 보다 더 참을 만합니다. 물병자리가 당신의 사생활을 캐려고 할 때도 그들이 인간의 내적 동기를 조사해 보고 싶은 충동을 주체

할 수 없는 사람이라는 점을 떠올려 보면 그다지 무례하다는 생각은 들지 않을 것입니다.

아주 간혹, 태양별자리는 사자자리인데 행성 대여섯 개가 물고기자리인 사람도 있습니다. 물고기자리의 영향으로 인해 사자자리 특성이 매우 억제되므로 도무지 그의 태양별자리를 추측하기 어려울 수도 있습니다. 하지만 이런 경우는 아주 드물며, 당신이 열두 개 별자리 특성을 모두 잘 알고 있다면 그 사람은 자신의 진정한 본성을 영원히 감출 수 없을 것입니다. 물고기가 아무리 사자를 숨기려고 해도 사자자리 태양별자리는 절대로 완전하게 가려질 수 없으며, 당신은 그 사람이 부지불식간에 드러내는 사자자리 특성을 잡아 낼 수 있을 것입니다.

태양별자리를 파악하려고 할 때 표면만을 대충 보고 판단하는 실수를 절대로 범해서는 안 됩니다. 염소자리라고 해서 모두 온순한 것은 아니고, 사자자리라고 해서 모두 외견상으로 타인을 지배하려고 하지도 않을 뿐더러 처녀자리라고 해서 모두 처녀는 아닙니다. 가끔 예금 통장을 여러 개 가지고 있는 양자리도 있고, 조용한 쌍둥이자리도 있으며, 심지어 실용적인 물고기자리도 있습니다. 당신의 눈을 사로잡는 한두 가지 특징 그 이상을 보아야 합니다. 화려하게 치장한 염소자리가 사교계 명사들의 인명록을 힐끔거리는 순간을 포착해야 하고, 수줍은 사자자리가 자신의 허영심이 무시당했을 때 입을 삐죽거리는 모습도 볼 수 있어야 합니다. 드물게는 경박한 처녀자리가 단지 싸다는 이유만으로 살충제를 한 상자나 사는 장면도 목격하게 될 것입니다. 조용한 쌍둥이자리여서 말은 빠르지 않을 수 있지만 머리는 제트기 같은 속도로 회전하고 있을 수도 있고, 예외적으로 검소한 양자리라도 은행에 갈 때는 선홍색 코트를 입고 불친절한 은행원에게 말대꾸를 할 수도 있습니다. 그리고 아무리 실용적인 물고기자리라도 시를 쓰거나 추수감사절 때마다 여섯 명의 고아를 초대하기도 할 것입니다. 눈을 크게 뜨고 잘 보면 어떤 별자리도 자신을 온전히 감출 수 없습니다. 심지어 애완동물도 태양별자리의 특징을 여과 없이 보여 준답니다. 처녀자리 고양이의 밥그릇을 낯선 곳에 옮겨 놓거나 사자자리 강아지를 무시하는 일이 없기를 바랍니다.

유명 인사나 정치인, 문학 작품 속의 주인공들을 대상으로 별자리를 맞혀 보는 것도 재미있습니다. 그들의 별자리가 무엇인지 추측해 보거나 그들이 어떤 별자리 특징을 대변하고 있는지 짐작해 보세요. 이런 작업을 통해 당신의 천문해석학적인 재치는 더욱 예리해질 것입니다. 만화책의 주인공들도 시도해 볼 만한 대상들입니다. 찰리 브라운은 분명히 천칭자리일 것이며, 루시의 경우에는 동쪽별자리는 양자리이고 달별자리는 처녀자리에 태양별자리가 사수자리일 확률이 높습니다. 스누피는 누가 봐도 물병자리 개입니다. 희한한 스카프를 두르는가 하면 제1차 세계대전 당시의 비행기 조종사 헬멧을 쓰고 개집 위에서 붉은 남작*에 대한 상상의 나래를 펼치고 있는 걸 보면 틀림없습니다.(또한 해왕성과 충돌 각도를 맺고 있을 것입니다.) 이런 식으로 직접 누군가의 별자리를 생각해 보면 그 재미가 제법 쏠쏠합니다. 하지만 이보다 더 중요한 것은 태양별자리 맞히기 게임을 할 때

---

* 붉은 남작(Red Baron): 제1차 세계대전 당시 전투기 80여 대를 격추한 독일 공군의 에이스 리히트호펜(Richthofen, 1892~1918)의 닉네임이다.

매우 진지하고도 유용한 것을 배우게 된다는 점입니다. 사람들의 숨겨진 꿈과 비밀스러운 소망과 참된 성격을 어떻게 인식할 것이며, 그들을 좋아하는 법과 그들이 당신을 좋아하게 만드는 법 그리고 당신이 알고 있는 그들을 제대로 이해하는 법을 터득하게 될 것입니다. 당신이 그들 마음속에 숨어 있는 무지개를 찾아 나설 때, 세상이 더 행복해지고 사람들이 더 멋져 보이게 됩니다.

인생에서 가장 중요한 부분은 타인을 제대로 이해하는 것 아닐까요? 링컨 대통령이 이런 점에 대해 아주 간단하고 명백하게 말한 적이 있습니다.

"문명의 가장 중요한 기능은 서로 익숙하지 않은 사람들 사이에서 의도하지 않은 적대 관계로 인해 발생하는 크고 작은 인간의 사악함을, 국가적으로 또는 개인적으로 바로잡는 것이다."

지금 당장 태양별자리 공부를 시작하고 터득한 내용을 신중하게 적용해 보세요. 당신이 사람들 본연의 모습을 하나씩 벗겨 낼 때마다 사람들은 당신에게 어떻게 그런 새로운 통찰력이 생겼는지 궁금해할 것입니다. 실제로 열두 개 태양별자리를 이해하는 것만으로도 당신의 삶을 바꿀 수 있습니다. 당신은 지금 단 한 번도 마주친 적이 없는 미지의 사람들을 이해하기 위한 여정을 시작하려고 합니다. 하지만 머지않아 당신은 친구들은 물론이고 낯선 이들도 더 가깝게 느끼게 될 것입니다. 정말로 멋진 일 아닌가요?

당신을 알게 되어 행복합니다.

린다 굿맨

쌍둥이자리

Gemini, the Twins

5월 22일부터 6월 21일까지

지배행성 - 수성

"같은 장소에 머물러 있으려면 계속 달려야 해.
어딘가 다른 곳을 가고 싶다면
이것보다 적어도 두 배는 빨리 달려야 하지!"

쌍둥이자리를 알아보는 방법

Ⅱ

"그렇게 불쑥 나타났다 사라졌다 하지 않으면 좋겠어. 정신없어 죽겠다니까."

하지만 이번에는 꼬리 끝에서 시작해서
씩 웃는 모습이 맨 마지막으로 사라졌는데,
씩 웃는 모습은 고양이의 나머지 부분이
다 사라진 후에도 한참 동안 남아 있었다.

쌍둥이자리 친구가 가끔 두 명으로 보인다고 해서 안경을 바꿀 필요는 없습니다. 쌍둥이자리는 말 그대로 쌍둥이라서 서로 다른 두 개의 인격을 가지고 있습니다. 교대로 나왔다가 들어갔다가 하죠. 방금 그 쌍둥이자리가 언뜻 보여 준 것은 무엇이었을까요? 애정? 아니면 미움? 황홀함? 총명함? 이상? 슬픔? 즐거움? 수성의 영향을 받는 쌍둥이자리의 변화무쌍한 모습은 디스코텍의

현란한 조명처럼 사람을 현혹시킵니다. 현실과 환상의 경계가 모호해집니다. 서로 뒤섞여 있다가도 곧 분리되어 나옵니다.

　이 변화무쌍한 사람이 지금 어디에 있는지 알아내려면 우선 생각을 좀 해야 합니다. 동에 번쩍 서에 번쩍하기 때문입니다. 쌍둥이자리는 마음먹는 순간 옷차림이든 직업이든 사랑이든 거주지이든 간에 순식간에 바꿀 수 있습니다. 당신이 별자리를 공부하면서 쌍둥이자리 표본을 좀 찾아보려면 이리저리 뛰어다녀야 합니다. 일단 서점에 가 보세요. 쌍둥이자리는 책을 다양하게 보는 편인데, 쓱 훑어보기만 해도 요점을 파악해 냅니다. 쌍둥이자리 케네디 대통령이 속독의 대가였다는 것은 우연의 일치가 아닙니다. 수성의 지배를 받는 이 사람들은 책의 맨 마지막 페이지를 먼저 읽는 고약한 버릇이 있습니다. 혹시 중간에 지루해하는 일 없이 책을 첫 장부터 마지막 장까지 차분하게 읽는 쌍둥이자리를 알고 있다면 국립박물관에 보내세요. 희귀종 코너에 모셔 둬야 합니다.(아니면 그 사람의 출생차트에 황소자리나 염소자리처럼 인내심 많은 별자리가 있는지 확인해 보세요.) 쌍둥이자리가 책을 보면서 중간에 건너뛰고 앞뒤로 왔다갔다하는 성향은, 다른 일을 할 때에도 동일하게 나타납니다.

방송국이나 홍보 기획사, 출판사, 콜센터, 자동차 전시장 또는 광고 회사에 가 보면 건물 복도를 누비고 다니는 쌍둥이자리를 발견할 수 있습니다. 쌍둥이자리의 빡빡한 스케줄 사이에 잠시라도 그 사람을 만날 수 있다면 주의 깊게 연구해 보세요. 그를 따라다니는 것만으로도 지쳐서 나가떨어질지도 모르니 정신 똑바로 차려야 합니다. 무엇보다도 쌍둥이자리 주위에는 터져 버릴 듯한 긴장감이 감돌고 있습니다. 달별자리가 전갈자리나 천칭자리, 게자리, 염소자리인 경우라면 그렇게 심하지는 않겠지만, 그래도 숨어 있는 긴장감을 감지할 수 있을 것입니다. 쌍둥이자리는 아주 드문 경우를 제외하고는 대부분 말이 빠르고 듣는 것도 빠릅니다.

쌍둥이자리는 남녀를 막론하고 보수적인 사람들이나 우유부단한 사람들을 못 견딥니다. 쌍둥이자리는 적어도 지금 이 순간 자기 입장이 무엇인지 명확히 알고 있습니다.

동쪽별자리에 상반되는 요소가 있지 않는 한, 쌍둥

이자리는 날씬하고 민첩하며 신장은 평균 이상입니다. 대부분 이목구비가 작고 날카로워서 조각처럼 생긴 경우가 많습니다. 쌍둥이자리는 늘 눈을 반짝거리며 이곳저곳을 살핍니다. 한 사물에 3, 4초 이상 시선을 두는 법이 없습니다. 초롱초롱한 눈으로 이리저리 살피는 모습은 쌍둥이자리를 가장 쉽게 알아보는 단서입니다. 얼굴빛이 다소 창백하고 햇볕에 쉽게 타는 편이어서, 여름에는 이 것으로 쌍둥이자리를 알아볼 수도 있습니다. 겨울에는 스키장의 건조하고 차가운 바람 때문에 피부가 상하기도 합니다.

쌍둥이자리는 정이 많고 사교적이며, 몹시 기민하지만 우아하게 움직입니다. 머리카락 색은 밝거나 어둡거나 줄무늬처럼 둘 다 섞여 있는 경우도 있습니다. 인격이 두 개라고 했던 것 기억하시죠? 코는 길게 쭉 뻗어 있거나 앙증맞은 편이고, 한 쪽으로 치우치지 않게 반듯합니다. 남성의 경우 머리카락이 많이 빠지는 경우가 있는데 아마도 뇌 활동이 왕성하기 때문일 것입니다. 그리고 남녀 모두 이마가 넓은 편입니다.

쌍둥이자리를 한 장소나 한 생각에 묶어 두려고 한

다면, 그것은 실수입니다. 쌍둥이자리의 재치를 당해 낼 사람은 없습니다. 이들은 어떤 상황에서도 아주 쉽게 빠져나올 수 있고, 원한다면 다시 들어갈 수도 있습니다. 또한 판단이 빠르고, 날카로운 풍자를 구사하며, 누구보다도 영리한 편입니다. 어떤 쌍둥이자리는 자기보다 머리 회전이 느린 사람들을 골탕 먹이는 악취미를 가지고 있기도 합니다. 쌍둥이자리 밥 호프*와 논쟁을 한다면 어떨지 상상해 보세요.

6월에 태어난 쌍둥이자리는 가끔 호기심 많은 새처럼 당신 옆에 휘리릭 나타나서는, 그 주위를 흥미진진하게 살펴보다가 미처 인사를 할 틈도 없이 다른 곳으로 날아가 버립니다. 저는 한 쌍둥이자리 친구와 자주 만나서 치즈 케이크를 먹으며 담소를 나눕니다. 그 친구는 삼십 대 후반인데 꼭 대학생처럼 보입니다. 전형적인 쌍둥이자리는 나이를 가늠할 수가 없지요. 우리는 한동안 서로 말을 끊어 가며 이런 주제 저런 주제에 관해 정신

---

* 밥 호프(Bob Hope, 1903~2003): 미국의 희극배우로 '코미디의 황제'라는 별칭이 있음.

없이 이야기합니다. 그러고 나서 제가 볼펜 따위를 찾으려고 가방을 뒤지다가 고개를 들어 보면 그 친구는 이미 계산을 하고 마술처럼 감쪽같이 사라지고 없습니다.(덜 성숙한 쌍둥이자리는 당신에게 계산을 떠넘기려고 재빠르게 사라지는 경우도 있습니다.) 그 친구를 찾으려고 주위를 둘러보면, 그는 어디서 전화를 하고 있거나 이미 문을 열고 나가 어딘가를 향해 가고 있지요.

이 쌍둥이자리 친구는 최근에 멋진 물병자리 아가씨와 약혼을 했습니다.(바람 같은 쌍둥이자리를 상대할 만한 사람은 물병자리밖에 없답니다.) 결혼식 1주일 전, 브로드웨이에서는 이 친구가 결혼이라는 덫에서 빠져나갈 거라는 쪽에 다섯 명이나 돈을 걸었고, 어떤 사람들은 그가 결혼식에 늦을 거라고 했습니다. 하지만 그 친구는 결혼식장에 제때 나타났습니다. 쌍둥이자리는 당신을 놀라게 할 수 있습니다. 특히 사랑에 빠졌을 때에는 더 그렇죠.

제가 좋아하는 친구 중에 뉴욕 전화응답 서비스 회사인 '벨'을 운영하는 전형적인 쌍둥이자리 여성이 있습니다. 연극 〈전화벨은 울리고〉가 그녀의 삶을 바탕으로 만들어졌지요. 하루에 스무 시간씩 전화기에 매달려 살기 때문에 자리를 거의 비울 수 없었어요. 그럼에도 불구하고 그녀는 여기저기 날아다니는 듯한 인상을 주었습니다. 대부분의 쌍둥이자리 여성들처럼 그녀는 매우 예쁘고, 어느 모로 보나 지적이었으며, 재빠른 손은 마치 명랑한 새처럼 허공에서 춤을 췄습니다. 그녀는 넘치는 매력과 재치를 발휘하여, 맑은 푸른색 눈동자를 한번 깜박일 때마다 사람들의 문제를 하나씩 유쾌하게 해결해 주었습니다. 어느 날 그녀가 처리한 일을 살펴보면 이렇습니다.

- 고객에게 보모와 햄스터 두 마리를 찾아 줌
- 시장 볼 목록 작성
- 수표 서른두 장 작성(가장 좋아하는 일 중에 하나임)
- 카리브 해에서 요트를 타고 있는 브로드웨이 프로듀서에게 전화
- 전보 아홉 개 보냄
- 세탁물 정리
- 직원들의 주간 업무 체크

- 남편에게 푸른색 넥타이를 찾아 줌
- 아들에게 줄 열대어를 살 수 있는 가게 위치를 적어서 남편에게 줌
- 폴라로이드 사진기로 개 사진 네 장 찍음
- 공과금 우편물 뜯어서 확인(그러고는 무심코 모두 쓰레기통에 넣어 버림)
- 기획사에 6개국어를 하는 여배우 찾아 줌
- 열두 명의 고객에게 모닝콜 해 줌

이 모든 게 그녀가 회전의자에 앉은 채 한 시간 동안 처리한 일들입니다.

비결은 쌍둥이자리의 이중성에 있습니다. 이들은 우리 같은 보통 사람들이 한 가지 일을 하는 동안, 더 적은 에너지를 쓰면서도 두 가지 일을 할 수 있습니다. 수성에서 온 여인들은 다림질을 하면서 아기에게 밥을 먹이고 동시에 전화로 수다도 떱니다. 쌍둥이자리는 전화기를 들고 태어난다고 하는 사람도 있습니다.

어떤 종류든 판에 박힌 일을 시키면, 전형적인 쌍둥이자리는 자신이 새장 속에 축 늘어진 날개 꺾인 새

나 다름없다고 느낄 것입니다. 이 사람들은 고되고 단조로운 일을 끔찍하게 싫어합니다. 쌍둥이자리는 별로 시간을 잘 지키는 사람들이 아닙니다.(동쪽별자리가 처녀자리인 경우에는 인간 알람시계가 되기도 합니다만.) 전형적인 쌍둥이자리는 항상 늦게 옵니다. 약속 시간을 잘못 알고 있어서가 아니라, 오는 길에 뭔가 재미있는 것을 발견해서 그만 샛길로 빠져 버렸기 때문입니다. 잠시도 가만히 있지 못하는 수성의 특성상, 이들의 삶에는 끊임없는 자극과 변화가 필요합니다. 이것이 충족되지 않으면 이내 기력을 잃고 시무룩해질 것입니다.

당신에게 쌍둥이자리 친구가 있다면, 그 사람 때문에 위궤양이라도 걸릴 정도로 스트레스를 받아 본 경험이 있을 것입니다. 어느 날 쌍둥이자리 친구가 이런 제안을 합니다. 잠깐 자기 월세방 근처에 들러서 험프리보가트가 나오는 옛날 영화(당연히 동시상영일 것입니다.)를 보고, 골프 연습장에 가서 퍼팅 연습을 좀 하거나 바에 들러 칵테일을 마시자고 합니다. 당신은 피곤해서 집으로 가는 길이었는지라 제안은 고맙지만 다음에 보자고 합니다. 하지만 쌍둥이자리는 아주 그럴듯하게 당신을 설득합니다. 온갖 아양을 부리며 당신을 꼼짝 못하게 얽어맵니다. 당신은 빠르게 쏟아 내는 말과 거부할 수 없는 미소를 당하지 못하고 결국 그렇게 하자고 합니다. 친구는 몇 가지 처리할 일이 있으니 한 시간 뒤에 동네 모퉁이에서 만나자고 합니다. 당신은 한 시간 뒤라는 변수를 미처 예상하지 못한 터라 약속을 물러보려고 하지만, 쌍둥이자리 친구는 다시 온갖 기술을 동원해서 답을 받아 냅니다. 한 시간이나 기다리고 있자니 피곤하고 발도 아프지만 어쨌거나 약속 시간에 만나기로 한 모퉁이로 나갑니다. 그런데 웬일입니까. 이 친구는 30분이나 늦게 숨을 헐떡이며 나타납니다. 이유가 뭔지 아세요? 그새 마음이 바뀌었답니다. 너무 피곤하다네요. 그래서 다 취소하고 오늘은 집에 가서 잠이나 자고 다음날 저녁에 다시 만나자고 합니다. 상관없지? 그렇지? 이런 상황에서 한 대 맞지 않고 넘어갈 사람은 쌍둥이자리밖에 없습니다. 당신도 그를 용서해 버립니다. 하지만 정말 웃긴 것은, 당신이 정말로 다음날 그 친구를 만나러 갈 생각이라는 것입니다. 다음날에도 바람 맞는다면 어쩔 수 없습니다. 쌍둥이자리의 달콤한 말을 믿은 당신 잘못이죠.

쌍둥이자리에게는 자기의 속내를 감추려는 강한 욕구가 있습니다. 마치 물고기자리처럼 자기가 실제로 원하는 것과 정확히 반대로 행동하고 싶은 충동을 느낍니다. 하지만 그들의 다재다능함과 유창한 화술 덕분에 탁월한 정치인이 되기도 합니다. 또한 홍보 분야는 말할 것도 없지요. 쌍둥이자리는 당신이 굳게 믿고 있는 신념을 흔들어 놓는 방법을 잘 알고 있습니다. 고도의 심리전을 펼쳐서 당신의 생각을 돌려놓고는, 심지어 그렇게 하는 자신을 좋아하게 만듭니다. 만일 그 과정에서 문제가 생기면 그는 본능적으로 당신의 약점을 파악해서 빠른 두뇌 회전과 교묘한 말솜씨로 그것을 파헤칠 것입니다.

쌍둥이자리와 글쓰기 사이에는 이상한 관계가 있습니다. 쌍둥이자리 자체가 글쓰기를 관장하지요. 그러므로 실제로 수성인은 유려한 문장력으로 언어를 짜임새 있게 조합하는 능력이 있습니다. 많은 쌍둥이자리가 연설문이나 광고, 다큐멘터리, 연극 또는 책 쓰는 일을 합니다. 그런데 여기서 책은 소설이나, 교과서, 논픽션 또는 전기문 같은 것입니다. 쌍둥이자리가 자기 삶을 책으로 쓰는 경우는 거의 볼 수 없습니다. 또한 사적으로 편지 쓰는 일을 몹시 싫어해서 답장을 몇 주씩 미루기도 합니다.

얼핏 보면 모순된 행동처럼 보이지만, 쌍둥이자리가 특정한 견해에 얽매이기 싫어한다는 것을 알고 나면 쉽게 이해할 수 있습니다. 오늘 믿고 있는 것을 내일은 부정할지도 모른다는 사실을 본능적으로 알고 있기 때문에 자기 생각을 활자화하는 것을 주저합니다. 쌍둥이자리는 변호사로부터 "적지 말고 말로 하세요."라는 충고를 받을 필요가 없습니다. 자기방어기제를 타고난 사람들이죠. 익명으로 저작 활동을 하는 쌍둥이자리가 놀랄 만큼 많으며, 저작 활동을 하지 않더라도 가명 하나쯤 만들거나 이름의 철자를 완전히 바꾸는 사람도 많습니다. 아니면 최소한 별명이라도 갖고 싶어 합니다. 이것은 모든 쌍둥이자리에게 해당하므로, 당신이 알고 있는 쌍둥이자리를 두고 친구들과 내기를 걸어도 좋습니다.

쌍둥이자리는 적어도 한 개 이상의 외국어를 읽고 쓰거나 이해할 줄 알며, 그 중에서도 불어를 좋아하는 경향이 있습니다. 국어대사전을 어릴 때부터 손에 끼고 사는 쌍둥이자리를 말로는 당해 낼 사람이 없습니다. 에스키모에게 에어컨을 팔 수도 있고, 비관론자에게 희망을 팔 수도 있습니다. 쌍둥이자리가 궁지에 몰리면 순식간에 주제를 바꾸고 대화를 교묘하게 이끌어서 결국 그가 아니라 당신이 도마 위에 오르는 상황을 만들어 낼 것입니다. 사람들을 우롱하는 수성의 기질이 가끔 사기나 범죄 행위로 이어지기도 하지만, 그런 경우가 그리 많지는 않습니다. 쌍둥이자리는 자기의 재능으로 인해 끝없는 거짓말과 기만 속에서 살 수도 있지만, 범죄를 저지르기에는 너무 이상적입니다. 그래도 마음만 먹으면 그런 분야에서 한몫 잡을 수 있는 능력을 수성에게 부여받았다는 사실만은 인정해야겠지요. 원한다면 아주 예술적인 사기꾼이 될 수 있습니다. 쌍둥이자리의 손재주로 소매치기를 하거나 위조지폐를 만든다면 일처리가 너무 깔끔해서 잡히기 어려울 것입니다.

말을 아주 잘하는 중고차 영업사원을 만났는데 그가 6월생이라면 조심할 필요가 있습니다. 그가 파란색 중고차를 가리키며 이전 소유주는 한 명밖에 없었는데

일요일 아침 교회에 갈 때나 차를 썼던 나이 많은 할머니라고 말한다면, 교회 이름을 물어봐서 그 할머니에게 직접 확인해 보는 것이 현명합니다.(그 할머니도 쌍둥이자리가 아니라면요.) 하지만 쌍둥이자리는 출생차트 상에 특별한 문제가 없다면 대부분 정직하고, 때로는 자기 잘못에 대해서 지나치게 민감한 사람도 있습니다. 극과 극을 달리는 것처럼 보이지요. 쌍둥이자리는 좀도둑이든 사기꾼이든 정직한 시민이든 간에 모두들 가끔씩 이야기를 듣기 좋게 포장하는 경향이 있습니다. 그건 거짓말이 아니라 상상력이라고 해야겠지요.

쌍둥이자리는 판촉 업무에 완벽할 정도의 재능을 가지고 있습니다. 심지어 양자리도 따라올 수 없습니다. 쌍둥이자리는 영업 전략이 매우 솔직한 편이지만, 그들의 매력과 날카로운 지성이 어우러지면 넘어가지 않을 사람이 별로 없습니다. 쌍둥이자리가 가치 있고 보람 있는 기획, 이를테면 사람들이 간절히 원하고 필요로 하는 것을 파는 그런 기획에 달려든다면, 행운의 여신은 이미 그의 편입니다. 덕분에 지대한 발전이 오래 지속되어 모두에게 이익이 돌아가기 때문에 우리는 쌍둥이자리에게

감사하게 될 것입니다. 모든 쌍둥이자리는 기본적으로 세일즈맨 기질을 가지고 있습니다. 직업이 무엇이든 다르지 않습니다. 쌍둥이자리 케네디 대통령은 자기의 영롱한 이상을 전 세계에 팔았습니다. 그리고 또다른 쌍둥이자리 마이클 토드*는 브로드웨이에 꿈을 팔았습니다. 서로 분야는 다르지만, 둘 다 수성의 아들인 셈이죠.

쌍둥이자리는 머리를 많이 쓰기 때문에 남들보다 두 배 이상 오래 자면서 뇌를 쉬게 해 줘야 합니다. 하지만 이들은 불행하게도 불면증 때문에 잠을 충분히 못 잘 때가 많습니다. 그래도 틈날 때마다 쉬어서 예민한 신경과 과부하 걸린 뇌세포를 회복시키도록 노력해야 합니다. 신경이 탈진 상태에 있으면 끊임없는 위협이 됩니다. 병원 신세를 면하려면 신선하고 맑은 공기를 충분히 마시고 햇볕을 자주 쬐어야 합니다. 이 중 하나라도 결핍된 상태에서 활동의 제약까지 받으면 어깨나 팔, 손, 손가락과 관련한 사고가 나거나 병에 걸리기 쉽습니다.

---

* 마이클 토드(Michael Todd, 1909~1958): 미국의 연극·영화 제작자로 〈80일간의 세계 일주〉를 제작하였으며, 엘리자베스 테일러의 세 번째 남편이었음.

폐와 장도 약해질 수 있습니다. 건강에 무신경한 쌍둥이
자리는 발이나 등, 배설기관에 문제가 생기거나 관절염,
류머티즘 및 편두통 등으로 고생할 가능성이 있습니다.
한 가지 재미있는 사실은, 이들이 과도하게 활동할 때보
다는 어딘가에 갇혀서 지루해할 때 정신적으로 더 쇠약
해질 수 있다는 것입니다.

쌍둥이자리는 마음 깊은 곳에 자리 잡고 있는 무언
가를 계속 찾아 헤매면서 성급하게 이상을 추구하는 경
향이 있습니다. 그런데 가장 큰 문제는 그 무언가를 정
확하게 인지하고 있지 않다는 것입니다. 쌍둥이자리의
상상력에는 한계가 없기 때문에 그들의 이상은 무엇이
든 될 수 있습니다. 돈, 명예, 재력, 사랑, 경력 이런 것
만으로는 뭔가 부족합니다. 쌍둥이자리가 높은 곳에 닿
으면 그보다 더 나은 것이 있다고 수성이 계속 유혹하
는 것 같습니다. 이들에게는 길 건너편에 있는 잔디가
더 푸르러 보이고, 먼 바다 위에 있는 하늘이 더 파랗습
니다. 그뿐인가요? 보이지 않는 저 하늘에 더 밝은 별이
있을 거라고 생각합니다. 무엇을 찾고 있는 걸까요? 어
쩌면 자기 안에서 미지의 대륙을 찾고 있는지도 모릅니

다. 쌍둥이자리는 정신세계에서 신대륙을 찾아 헤매는 탐험가이니까요.

쌍둥이자리는 관찰력이 예리하고 재주가 많습니다. 뛰어난 유머 감각에 눈치와 외교술, 그리고 노련함을 갖추고 있지만 인내심과 끈기는 부족합니다. 오래되고 낡은 것들을 성급하게 내다 버리고는 나중에 후회하기도 합니다. 주위에 친한 사람들이 많이 있지만 그는 깊은 감정을 자기의 하나뿐인 오랜 친구, 바로 자기의 쌍둥이 자아하고만 공유합니다. 공기는 쌍둥이자리의 구성 원소이자 진정한 집입니다. 땅 위에서는 오히려 이방인인 셈이지요.

쌍둥이자리는 심지어 새를 꼬드겨서 나무에서 내려오게 한 다음 노래를 가르쳐 줄 수도 있습니다. 하지만 쉴 새 없이 들썩이는 수성의 마음 때문에 정작 뒷마당에서 몇 년씩 기다리고 있는 행복의 파랑새를 보지 못하는 경우가 있습니다. 밝은 노랑, 초록, 파랑, 은색 또는 회색 계열의 옷을 즐겨 입고, 정서에 도움을 주는 보석은 옥입니다. 쌍둥이자리는 산에 핀 은방울꽃의 은은한 향기 같은 가벼운 느낌과 숲 속 깊은 곳에 있는 짙

푸른 풀의 숨결을 지니고 있습니다. 하지만 차가운 수은의 영향을 받아 이중적인 욕망을 지니고 있기 때문에, 느긋하게 멈춰 서서 자기의 심장 소리에 귀 기울이는 방법을 깨달을 때까지는 여전히 두 개의 인격을 지니고 살아갈 것입니다.

쌍둥이자리로 알려진 유명인

메릴린 먼로Marilyn Monroe

밥 딜런Bob Dylan

토머스 하디Thomas Hardy

폴 고갱Paul Gauguin

아서 코넌 도일Arthur Conan Doyle

존 에프 케네디John F. Kennedy

*나탈리 포트먼Natalie Portman

*니콜 키드먼Nicole Kidman

*앤젤리나 졸리Angelina Jolie

*이사도라 덩컨Isadora Duncan

*조니 뎁Johnny Depp

*체 게바라Che Guevara

*클린트 이스트우드Clint Eastwood

*폴 매카트니Paul McCartney

*강호동

*김원희

*김희선

*반기문

*손석희

*송윤아

*양동근

*윤여정

쌍둥이자리 남성

Ⅱ

"내가 이렇게 헤매고 다니기 시작한 게 오늘 아침이었던 것 같기는 해."

"오늘 아침에 일어났을 때는 제가 누구인지 알았거든요.
하지만 그때부터 지금까지 아무래도 여러 번 바뀐 것 같아요."

사랑하는 사람이 있으면 푸근한 안정감이 생기지요. 당신이 필요할 때 늘 함께 해 주는 누군가가 있다는 것만으로도 굉장한 위안이 됩니다. 혼자일 때 가지고 있던 세상에 대한 두려움이 다 녹아 버립니다. 맞는 이야기입니다. 하지만 그 상대가 수성에서 온 남성이라면 얘기는 달라집니다. '푸근한 안정감'은 상당히 줄어들 것입니다. 월요일에 빵을 사러 보낸 쌍둥이자리 남성이 목요일이나 되어야 돌아올 거라고 예상하고 있다면 당신은 쌍둥이자리에게 잘 적응한 것입니다. 쌍둥이자리는 실제로 와야 오는 것이지요. 그리고 그가 떠나고 싶어 할 때 옷자락을 붙들고 늘어지면 안 됩니다.

잠시도 가만히 있지 못하고 예측할 수 없게 만들지만, 일단 쌍둥이자리의 정신세계를 이해하는 방법을 배우고 나면 좋은 관계를 만들 수 있습니다. 다만 당신이 필요할 때 늘 곁에 있어 줄 사람을 원한다면 일이 좀 어려워집니다. 당신은 쌍둥이자리 남성이 언제 어디에 있을지 절대로 알 수 없을 테고, 때문에 사랑으로 극복하려 했던 두려움이 되살아날 것입니다. 쌍둥이자리와 사랑에 빠지면 당신이 절대로 혼자가 아니라는 것만은 사실입니다. 적어도 두 사람과 함께 하게 될 거예요. 이 두 사람 모두 당신이 사랑에 빠진 바로 그 남성이랍니다. 쌍둥이자리잖아요? 게다가 그 쌍둥이는 일란성이 아닙니다. 서로 완전히 다른 두 개의 인격체입니다. 심지어 세쌍둥이나 네쌍둥이도 있습니다. 이렇게 되면 그와 단둘이 있어도 여러 명의 남자와 함께 있는 셈이죠.

전형적인 쌍둥이자리는 파티를 주관하는 사람들이

가장 좋아하는 별자리입니다. 사람을 좋아하는 천성 때문에 사람이 많으면 많을수록 더 즐거워합니다. 쌍둥이자리는 대부분 유쾌한 대화의 달인입니다. 세련된 취향과 넘치는 재치, 그리고 상대방에게 진심으로 호응하는 실력이 수준급입니다. 쌍둥이자리는 흠잡을 데 없는 매너와 노련한 사교성으로 파티를 다채롭고 생기 넘치는 공간으로 만듭니다.

'물건 찾기 게임'을 아시나요? 사람들이 짝을 지어 유명 영화배우의 머리카락이나 경찰청장 책상에 있는 수첩 같이 황당하고 재미있는 물건들을 가장 많이 수집한 팀이 이기는 게임입니다. 쌍둥이자리가 가장 좋아하는 파티용 게임이지요. 이곳저곳 다니면서 여러 부류의 사람들을 만날 수 있기 때문입니다. 다양한 장소와 다양한 사람, 쌍둥이자리는 이 두 가지를 추구하며 사는 사람들입니다.

당신이 사교 모임에서 쌍둥이자리 남성을 만난다면 매력적인 팔색조의 모습에 반할 것입니다. 아마도 당신이 지금껏 만났던 사람 중에 가장 재미있고 지적인 남성이라고 생각할 것입니다. 아무도 그 사실을 반박할 수 없습니다. 실제로도 그러니까요. 하지만 결혼은 신중하게 생각해 보아야 합니다. 갈대처럼 변덕스러워서 신혼여행이 끝나기도 전에 앞으로의 계획들을 완전히 바꿔버릴지도 모르는 남자와 함께 해야 할 불확실한 미래를 감당할 수 있을지 잘 생각해 보세요. 쌍둥이자리 시인 휘트먼이 이런 글을 쓴 적이 있습니다. "나는 내 자신을 부정하는 것일까? 내 안에는 여러 개의 자아가 있다." 그가 알고 있었는지 모르겠지만 이 말은 쌍둥이자리의 핵심을 그대로 요약한 것입니다.

어느 날 쌍둥이자리 남자친구가 수다쟁이 원숭이를 어깨에 얹고는 당신을 찾아와 서커스를 보러 가자고 합니다. 또한 꽃과 향수, 음반이나 책을 선물합니다. 어쩌면 자기가 직접 쓴 책일 수도 있습니다. 그의 밝은 성격에 당신도 덩달아 쾌활해지고, 재치 있는 농담에 웃으면서 매너 있고 매력적인 그에게 빠져들어서는 시간 가는 줄 모를 것입니다.

다음날 그는 전화를 걸어 와서 별 이유 없이 데이트를 취소합니다. 당신은 별의별 생각을 다 하게 됩니다. 무슨 문제가 생겼나? 다른 사람을 만나나? 사랑한다는 말은 그냥 장난이었을까? 당신의 두려움은 현실일 수도 있고 아닐 수도 있습니다. 1주일 정도 지나면 그는 당신 앞에 다시 나타나서는 차가운 말을 쏟아 내며 변덕스럽고 초조한 모습을 보여 줄 것입니다. 참을성은 손톱만큼도 없고 사소한 것에도 비판적이며 갖가지 심술을 부려 댈 것입니다. 당신의 신발이나 립스틱 색깔, 또는 문학적 취향에 대해서도 트집을 잡고, 우리는 서로 어울리지 않는 것 같다는 가슴 아픈 말도 해 댑니다. 정말로 그렇게 생각하는지 아니면 단순히 우울해져서 걱정이 많아진 탓인지 모르지만, 아무튼 그는 마음이 이미 멀리 떠난 것처럼 냉담하기만 합니다. 이유를 물어도 납득할 만한 대답을 듣기는 어려울 것입니다.

당신이 이 모든 일들을 견뎌 낸다면 며칠 뒤에는 그와 함께 미술관에도 가고 연극도 보고 박물관이나 도서관에도 가고 또 오페라도 보러 다니면서 그의 해박한 지식과 폭넓은 관심사에 다시 넋을 잃게 될 것입니다. 그는 평소와 다르게 부드럽게 행동하고, 덧없는 꿈과 영화 같은 희망으로 가득 찬 미래를 이야기합니다. 그러고는 갑자기 당신에게 청혼합니다. 아주 순식간에요. 당신은 얼마 전에 겪었던 폭풍우와 비바람은 모두 잊어버리고 그가 또 마음을 바꾸기 전에 냉큼 청혼을 받아들일 것입니다. 이렇게 해서 수수께끼 같은 사람과 약혼하게 되지요.

네, 정말 수수께끼입니다. 만약 당신이 평생 변함없는 사랑을 주는 남편을 만나 베니스 운하에서 곤돌라가 미끄러지듯이 부드럽고 편안한 결혼 생활을 유지할 수 있을 거라고 기대한다면, 글쎄요. 회전목마를 탄 것처럼 제자리에서 빙빙 맴돌지 않을까요? 최대한 빨리 회전목마에서 내리세요. 어렵게 잡은 기회라고 연연해하지 말기 바랍니다. 화사하고 기분 좋은 음악에 취해서 시시각각 색깔이 바뀌는 그림 속으로 끌려 들어가지 마세요. 잘 살펴보면 태양빛처럼 화사한 노란색이나 더없이 행복한 파란색 뒤에 우울한 잿빛을 숨겨 놓았답니다. 당신이 구제불능 낭만주의자와 완벽한 조화를 이뤄 보겠다는 꿈을 꾸고 있다면, 지금 상당히 위험한 상황에 처해 있습니다.

출생차트 상 다른 요소가 어떻든 간에, 태양별자리가 쌍둥이자리인 사람은 내일이 되면 오늘의 모습이 남아 있지 않고 어제의 기억은 이미 사라지고 없을 것입니다. 어떤 식으로든 그는 끊임없이 변화합니다. 그 변화는 항상 지금보다 더 나아지기 위함이며, 그는 계속 더 높은 곳을 향해 나아갑니다. 이런 점에서는 기회를 노려 볼 만합니다. 당신이 도박사라면 쌍둥이자리와 함께 잭팟을 터뜨릴 수도 있습니다. 여기에 정신적·정서적으로도 조화를 이룬다면 결혼 50주년 파티를 열 수도 있겠죠. 하지만 뛰어난 도박사는 베팅하기 전에 그 확률을 잘 계산해 봅니다. 당신도 그래야 합니다. 쌍둥이자리는 언제라도 생각이 변할 수 있으니까요. 이 불안정한 결단력과 관련하여 드문 예외가 있는데, 바로 케네디 대통령과 영국의 빅토리아 여왕입니다. 하지만 케네디 대통령도 관심 분야가 다양했다는 점과 빅토리아 여왕은 황소자리 성향이 강했는데도 불구하고 당대의 관습을 많은 부분에서 크게 바꿔 놓았다는 점을 기억하시기 바랍니다. 어쨌든 쌍둥이자리가 왕이나 대통령처럼 거부할 수 없는 환경 속에서 정형화된 사람으로 성장하는 경우는 매우 드물겠죠.

쌍둥이자리 남성과 연애를 했던 한 여성의 증언을

들어 볼까요? 쌍둥이자리의 이중성이 어떻게 표출되는지 잘 알 수 있을 것입니다. 수성의 지배를 받는 그 남자는 프로듀서였고, 여성은 매우 유명한 배우로 짙은 갈색 머리를 지닌 물고기자리였습니다. 이 쌍둥이자리 남성의 보트 위에서 주말 파티가 열렸는데, 그가 친구들 앞에서 이 여성을 모욕하고, 무례하고 냉담하게 굴었습니다. 그녀는 경악을 금치 못하고 너무나 당황스러워했죠. 후일에 그녀는 이렇게 말했습니다. "도대체 뭐가 문제인지 모르겠어요. 그 사람은 나를 정말 미워하나 봐요. 나는 아무 짓도 하지 않았는데, 주말 내내 저에게 거의 한마디도 하지 않더라고요." 하지만 그녀가 뭔가를 하기는 했습니다. 그 프로듀서가 자기에게 반하게 만든 것이죠. 그는 이 사건 후 얼마 지나지 않아 그녀에게 청혼할 정도로 푹 빠져 있었습니다. 하지만 그녀를 향한 감정이 사랑이라는 것을 처음 깨달았을 때 그가 보인 반응은, 마치 천박한 여인을 대하는 듯한 모습이었죠.

이 여성의 경험담을 들었다고 해서 당신이 쌍둥이자리 남성과 사랑에 빠지는 것을 피할 수는 없을 것입니다. 하지만 당신에게 푹 빠져 있는 게 분명한데도 도무지 이해할 수 없는 이유로 그 감정을 혼자 간직하면서 오히려 당신에게 냉담하게 구는 쌍둥이자리 남성, 이 남자 때문에 마음 고생했을 여성들의 상처는 달래 줄 수 있을 것입니다. 그 여성의 수는 제법 많을 것입니다. 쌍둥이자리는 자기의 실제 의도를 위장하려는 무의식적인 욕망을 가지고 있습니다. 그래서 다른 사람들의 말을 교묘히 받아 넘기면서 자기의 의도는 이중적인 행동으로 감춥니다. 쌍둥이자리 남성은 당신을 헷갈리게 만들려고 할 것입니다. 그런 다음에는 일관성 없는 쌍둥이자리답게 갑자기 태도를 바꿉니다. 솔직하고 무뚝뚝하게, 매우 직설적인 태도로 당신의 마음을 완전히 사로잡아 버릴 것입니다.

당신이 쌍둥이자리 남성과 너무 가까워지려고 하지만 않는다면, 그 사람과의 사랑은 편하고 재미있습니다. 그 사람은 내면에 자기만의 세계를 간직하고 있는데, 절대로 다른 사람과 공유하지 않는답니다. 당신도 예외는 아닙니다. 쿨하고 가볍게 처신하는 것이 좋고, 너무 열정적이거나 호들갑스러운 행동은 삼가 주세요. 그를 절대로 지루하게 만들면 안 됩니다. 늘 신나게 해 주면 두 사람의 관계는 매우 특별해질 것입니다. 그의 변화를 막지 말고, 그와 함께 변하세요. 그 사람만큼 당신도 삶에 많은 관심을 쏟아 보세요. 그러지 않으면 두 사람의 연애는 그저 그런 연애가 될 것입니다. 그는 무엇보다도 마음이 통하는 친구가 필요합니다. 자기와 재치를 겨룰 수 있는 사람, 가끔은 자기를 능가할 수 있는 사람을 찾고 있지요. 그는 현실주의자이지만 지적인 도전을 즐깁니다. 아무 반응이 없는 현관 앞 매트나 둔하디 둔한 쥐는 생각만 해도 혐오스럽습니다. 이런 존재가 되는 것을 가장 끔찍하게 여기지요. 당신의 여성스러운 모습과 더불어 지적인 모습을 보여 주세요. 똑똑한 여성을 피하는 남성도 있지만, 쌍둥이자리 남성은 그렇지 않습니다. 그의 시선이 곧바로 당신을 향할 것입니다.

쌍둥이자리는 새 친구를 사귀느라 옛 친구를 버리는 경향이 있지만, 무정해서 그러는 것은 아닙니다. 성격 자체가 매우 변화무쌍하고 늘 맹렬하게 앞으로 나아가기 때문에, 그가 그때그때 관심을 두는 일과 관련 있는 사람들에게 끌리는 것은 어찌 보면 자연스러운 일이지요. 어디든 모자를 걸어 두면 그곳이 바로 쌍둥이자리의 집이 됩니다. 묵은 기억이나 장소, 사람이나 물건에 집착하는 경우는 아주 드뭅니다. 어쩌다가 혼자서 오래 지내다 보면 감상적인 눈물을 흘릴 수도 있겠지만, 이 눈물의 근원은 과거에 대한 향수가 아니라 외로움 자체입니다. 사람들과 어울리기 좋아하는 쌍둥이자리에게, 장시간 혼자서 보내야 하는 상황은 생각만 해도 끔찍하고 무섭기까지 합니다. 그에게 이런 제안을 해 보세요. 당신이 반려자로서 항상 곁에 있겠지만 그에게 기대지도 않고 그가 당신에게 기대 올 것을 바라지도 않겠다고 하면, 그는 장기 계약서에 서명을 할까 고려해 볼 것입니다. 하지만 당신은 또다른 가능성도 생각해 봐야 합니다. 쌍둥이자리 중에는 결혼을 두 번 이상 하는 이들이 많습니다. 너무 어린 나이에 결혼할 경우에 그럴 확률이 높습니다. 그렇다고 모든 쌍둥이자리 남성이 아내를 두 번 맞이하는 것은 아니지만, 그 밖의 다른 것들은 거의 두 개씩 가지고 있을 것입니다. 자동차가 두 대이거나 아파트가 두 채이거나, 학위도 두 개, 직업도 두 개, 꿈도 두 개, 애완동물도 두 마리, 면도기도 두 개, 취미도 두 개, 야망도 두 개일 것입니다.

제가 좋아하는 쌍둥이자리 친구 프랭크 블레어는 〈투데이 쇼〉에 출연하는 NBC 기자인데, 심지어 휴가도 두 번으로 나누어 씁니다. 취미가 뭐냐고요? 자기 비행기를 조종하고, 자기 배를 모는가 하면, 골프도 기가 막히게 잘 칩니다.(프랭크는 아마도 세쌍둥이자리일 것 같네요.) 악기를 두 가지나 다룰 줄 알고, 아이들이 여러 명이고, NBC에 있는 자기 사무실에는 상장과 트로피가 여러 개 있으며, 친구도 많고, 방송국에서 맡은 일도 두 가지입니다. 책상 위에는 전기 면도기가 두 개 있고, 적어도 열 개가 넘는 꿈과 계획을 가지고 있는데, 6개월마다 바뀝니다. 하지만 아내는 한 명입니다.(분명히 동쪽별자리가 게자리나 황소자리일 것입니다.) 그리고 혹시 이미 눈치를 채셨나요? 전형적인 쌍둥이자리에게 어울리는 방송 분야에서 일하고 있죠. 쌍둥이자리의 지배행성인 수성은 의사소통과 뉴스를 관장합니다. 제 친구도 확실히 쌍둥이자리다운 매력과 손재주를 가지고 있답니다. 토마토 주스를 따르며 비서에게 타이핑할 내용을 불러 주고, 아내에게 전화를 하면서 동시에 면도도 하고 가방도 쌉니다. 쌍둥이자리는 재주가 많습니다. 특히나 손으로 하는 일에는 전문가입니다.

금전적인 문제에 있어서도 역시 이중성을 발휘합니다. 처음에는 엄청나게 관대하다가도 어느 순간 갑자기 구두쇠로 돌변합니다. 제 생각에는 그래도 평균을 내 보면 관대한 쪽으로 기울 것 같습니다. 쌍둥이자리에게는 돈이나 지식을 축적하려는 욕망이 거의 없습니다. 돈이든 지식이든 흡수하고 잘 정리한 뒤에 개선해서 다시 돌려주는 것을 더 좋아합니다. 그는 일찍이 없었던 새로운 생각을 창조해 내고, 민첩하고 뛰어난 지성을 다재다능하게 사용하여 사람들에게 기여하는 지식 전달자입니다.

쌍둥이자리는 신의를 지키는 사람일까요? 네. 자기 방식대로 지킬 것입니다. 수성과 관련된 이런 질문에서는 수만 가지 답이 나올 수 있습니다. 쌍둥이자리는 사람들과 교제하는 것을 좋아합니다. 또한 묘하게도 여성에게 인기가 많아서, 그를 둘러싼 소문과 의혹이 무성할 것입니다. 하지만 한 가지 면에서는 신뢰할 수 있답니다. 쌍둥이자리는 공정성에 대한 의식이 몸에 배어 있어서, 당신이 그를 진정으로 믿어 준다면 부정직한 행동을 하지 않습니다. 온전한 신뢰와 믿음이라면 가능합니다. 당신이 속으로는 미심쩍어한다면 쌍둥이자리 남성은 그것을 감지할 수 있습니다. 그는 종종 당신이 방송이라도 하는 양 당신의 생각을 읽어 내고는 합니다. 쌍둥이자리 남편이 결혼반지를 끼고 있으니 다른 여성에게 무관심할 것이라고 기대하는 것은 그리 좋은 생각이 아닙니다. 여성들이 그를 내버려 두지 않을 테고, 쌍둥이자리 남성도 거기에 반응합니다. 그런 여성들이 주변에 있다면 쌍둥이자리 남성은 그들에게 다가가 말을 걸고, 함께 웃고 술을 마시기도 할 것입니다. 하지만 그는 쌍둥이자리답게 대화를 즐기는 것뿐이고, 상대방의 성별은 별로 상관하지 않습니다. 말하자면 그 여성을 유혹하려는 의도가 꼭 있는 것은 아니랍니다.

쌍둥이자리 중에 노골적으로 성관계가 복잡한 사람들이 많이 있기는 하지만, 당신이 어떤 이야기를 들었던 간에 그 사람에게는 그럴 만한 이유가 있습니다. 쌍둥이자리 남성은 어떤 면에서든 불신을 당하거나 오해를 받으면 매우 고통스러워합니다. 상심하고 우울한 기분에 여기저기 돌아다니면서 복잡한 마음을 달래 줄 대상을 찾아다닙니다. 하지만 정신적 교감을 나눌 사람이 있고, 굳이 사람들에게 자기를 입증해 보일 필요가 없으면, 현실을 도피하려는 충동이 사라집니다. 즉, 쌍둥이자리 남성과 정신적 조화를 완벽하게 이루고 있는 여성이라면 그의 심리적·육체적 외도를 전혀 걱정할 필요가 없습니다. 쌍둥이자리 남성은 이런 점에서 매우 확실합니다. 거의 변하지 않는 원칙이죠. 그는 누군가와 아무런 이유도 없이 엮이지는 않을 것입니다. 쌍둥이자리 남성이 남녀노소를 불문하고 자기에게 미소를 보내는 사람에게 마주 웃어 주지 않기를 바라는 것은 태양이 빛나지 않기를 기대하는 것과 같습니다. 그는 쾌활하고 다정한 기질로 끊임없이 친구를 사귀려고 합니다. 출퇴근길에 만나는 버스 기사일 수도 있고 회사 근처 커피숍에서 일하는 아가씨일 수도 있습니다. 그를 억압하려고 하지 마세요. 쌍둥이자리의 영혼을 가두려고 하면 그는 종잡을 수 없이 바람 같은 사람이 되어 버린답니다.

쌍둥이자리 아버지는 아이들과 친구처럼 지냅니다. 규율을 강조하지는 않지만 유치원에 들어가기도 전에 많은 것을 가르쳐 줄 것입니다. 그는 어떤 얘기를 들어도 좀처럼 놀라지 않고 엄하게 판단하려 들지도 않기 때문에, 아이들은 그에게 비밀을 털어놓고 싶어 합니다. 그는 아이들을 과잉보호로 숨 막히게 하지 않으면서 사랑하는 방법을 알고 있답니다. 쌍둥이자리 아버지와 아이들의 관계는, 모순처럼 들리겠지만 매우 가까우면서도 다소 느슨한 사이입니다. 다정하고 명랑한 모습으로 아이들을 대하지만, 정해진 틀에 따르도록 가르치는 일은 잘 못합니다. 자기도 그런 틀을 몹시 싫어하니까요. 또한 아이들이 똑같은 행동을 해도 어떤 날은 야단치고 어떤 날은 받아 주기도 하기 때문에 아이들을 혼란스럽게 하기도 합니다. 쌍둥이자리 아버지는 아이들에게 듣기 좋은 훈계는 잘하겠지만, 아이들의 엉덩이를 때리거나 엄격한 규율을 적용하는 일은 당신에게 넘길 것입니다. 쌍둥이자리 아버지는 아이들을 응석받이로 키우는 경향이 있습니다.

가끔은 생각이 앞서서 아이들에게 지킬 수 없는 말을 할 때도 있습니다. 당신이 쌍둥이자리 남성에게 약속을 지키는 것이 얼마나 중요한지 알려 주어야 합니다. 아무리 좋은 취지였다고 해도 충동적으로 약속해 놓고 지키지 않으면 곤란하겠죠. 쌍둥이자리 아버지는 아이들이 그를 어떻게든 꽉 붙들어 놓지 않으면, 다 열거하기도 힘든 자기만의 취미활동들에 푹 빠져 지낼 것입니다. 한 가지 경고해 드릴 게 있습니다. 쌍둥이자리 아버지는 신체적 체벌은 하지 않지만, 갑작스럽게 냉소적인 말을 신랄하게 쏟아내어 아이들의 작은 가슴에 깊은 상처를 남기기도 합니다. 이 상처는 평생 동안 잊히지 않는 아픔이 되기도 하지요. 쌍둥이자리가 타고난 냉정함을 극복하려고 의식적으로 노력하지 않는다면, 키스나 포옹 같은 애정 표현을 싫어할 수도 있습니다. 그렇지만 어른들에게는 보여 주지 못한 따뜻함을 자기 아이들에게는 풍부하게 표현하는 쌍둥이자리 부모도 여럿 있습니다. 아이들은 그를 구속하려 들지 않을 테니, 쌍둥이자리 남성은 자녀가 몇 명이든 간에 아버지로서의 역할을 흔쾌히 떠맡을 것입니다. 단, 그가 원하지 않을 때 아이들을 돌보라는 요구만 하지 않으면 됩니다.

쌍둥이자리 남편에게 있어 질투심은 전혀 걱정할 필요 없습니다. 소유욕은 쌍둥이자리의 전공이 아니기 때문입니다. 가끔 의심이 생길 수도 있겠지만(출생차트

상에 상반되는 요소가 있지 않는 한) 그는 곧 털어 버립니다. 물론 인간적인 질투심 정도는 자연스러운 것이지만, 쌍둥이자리는 그것을 확대 해석하지 않습니다. 쌍둥이자리 남성에게 사랑은 육체적인 사랑만을 의미하지 않습니다. 그는 자기의 예민한 감각을 통해 다른 사람들보다 더 많이 듣고, 많이 보고, 많이 느낍니다. 지배행성인 수성 덕분에 매우 섬세한 느낌도 생생하게 기록할 수 있습니다. 그의 사랑은 공기처럼 모습을 계속 바꾸기 때문에, 현실적인 열정이 결여되어 보일 수 있습니다. 하지만 당신의 머리채를 휘어잡고 숲 속으로 끌고 들어갈 원시인을 찾는 게 아니라면, 쌍둥이자리 남성은 단순한 만족 이상을 주는 연인이 될 것입니다. 그는 낭만적이고 상상력 넘치는 말로 감정을 표현하고, 당신의 비어 있는 마음을 신비롭고 아름다운 이상으로 채워 줄 것입니다.

전형적인 쌍둥이자리의 냉담한 마음은 두 사람이 같은 음악을 듣거나 같은 꿈을 꿀 때 아주 따뜻해지기도 합니다. 쌍둥이자리 남성은 육체적 욕망이 고조되려면 마음과 영혼이 완전히 하나가 되는 느낌이 필요합니다. 좀 에둘러 가는 듯하지만, 그의 마음에 다다르는 유일하고 진정한 길이랍니다.

　'만약에'라는 단어에 익숙해져야 합니다. 그는 "내가 만약에 당신을 사랑한다면, 우리가……."라거나 "만약에 내가 당신을 사랑할 수 있다면, 아마도……."처럼 말을 채 끝맺지 않는 경우가 있습니다. 당신은 마음으로 그의 말을 듣고 대신 이야기를 마무리해 주어야 합니다. '만약에'라는 단어를 없애 주세요. 쌍둥이자리는 다만 그 단어를 연막이나 안전장치로 사용하는 것입니다. 혹독한 잔소리를 퍼붓거나 언성을 높이면 쌍둥이자리의 곱고 섬세한 사랑이 무디어집니다. 수은 덩어리를 손으로 힘껏 움켜쥐면 어떻게 될까요? 수백 개의 반짝이는 은색 구슬로 나뉘어져서 손가락 사이로 빠져나가 버립니다. 쌍둥이자리 남편을 잘 알고 있다고 자부하던 한 여성이 있었습니다. 그녀는 이혼하고 난 뒤에야 남편이 떠나기 직전에 썼던 글을 발견했습니다.

　　"당신이 꿈속으로 들어와
　　내 환상을 수놓은 부드러운 카펫 위로
　　징을 박은 부츠를 신고 지나갔지."

쌍둥이자리에게는 동시에 두 개의 사랑이 필요하다고 했습니다. 부도덕성을 암시하는 듯한 이런 말을 당신이 너무 자주 들어서 쓸데없이 불안해할지도 모르겠네요. 하지만 두 개의 '사랑'이라는 말은 두 명의 '여성'이 필요하다는 말은 아닙니다. 수수께끼 같지요? 하지만 당신이 정말 그를 이해한다면 그 해답을 알 수 있을 것입니다.

쌍둥이자리 여성

Ⅱ

배가 미끄러지듯이 나아갈 때마다 아름다운 골풀을 많이 꺾을 수 있었지만,
유달리 손이 닿지 않는 곳에 더 멋진 골풀이 많은 것 같았다.
"가장 예쁜 것은 늘 멀리 있다니까!"
앨리스는 그렇게 멀리 떨어진 곳에서
자라는 골풀의 완고함에 한숨을 지으며 말했다.

브리검 영*이 일부다처제를 주장할 때 속으로 환상적인 아이디어라고 생각했나요? 어떤 왕들이 여러 아내를 거느리며 사는 것이 내심 부럽나요? 그렇다면 그 희망을 포기할 필요는 없습니다. 쌍둥이자리 여성과 결혼하면 됩니다. 그러면 적어도 두 명의 아내를 얻을 수 있고, 주

---

* 브리검 영(Brigham Young, 1801~1877): 미국의 모르몬교 지도자.

말에는 가끔 세 명이나 네 명이 되기도 한답니다.

　　당연히 애로사항이야 있겠지요. 쌍둥이자리 여성은 현실적인 일에 별로 애착이 없습니다. 또한 그런 애착이나 다른 무언가에 진지하게 몰두할 마음이 생길 만큼 한 곳에 오래 머물러 있게 하기가 어렵습니다. 쌍둥이자리 여성의 마음은 언제나 여행 중이고, 동시에 자기의 여정을 끊임없이 생중계합니다. 그런데 조금 더 자세히 살펴보면 쌍둥이자리 여성 안에 존재하는 서너 명의 여성들 가운데 강렬한 열정을 지닌 낭만적인 여성이 있을 것입니다. 당신이 그녀와 정신적·육체적으로 완벽한 조화를 이룬다면 발견할 수 있을 거예요. 어떻게 하면 그 낭만적 여성의 자질을 개발하고, 동시에 그 속의 다른 여성들과도 만족스럽게 지낼 수 있을지가 관건이랄까요? 제가 알려 드릴 수 있는 것은 이 정도까지이고, 방정식을 잘 연구해서 이 문제를 해결하는 것은 당신에게 달려 있습니다. 개개인마다 해법이 다르기 때문입니다.

　　당신이 그나마 참조할 수 있는 것은 그녀의 나이입니다. 나이가 들어 성숙해지기 전까지 그녀에게 연애는 그저 게임에 불과해서, 엄청나게 변덕스럽고 예측 불가능한 모습을 보일 수 있습니다. 처음에는 당신의 미소와 목소리, 심지어 걸음걸이에도 반해서 당신에게 완전히 빠져 버리겠지만, 어느 날 완전히 돌변해서 당신의 머리 끝에서부터 발끝까지 온갖 트집을 잡을 것입니다. 그럴 때 그녀의 메스는 날카롭고 냉소적이기 이를 데 없어서, 당신은 상처를 치료할 연고를 준비해 두어야 합니다. 그렇다고 해서 쌍둥이자리 여성을 연애 대상에서 아예 제외시키라는 말은 아닙니다. 최소한 두 명의 여인을 얻게 된다는 말을 기억하세요. 하나를 사면, 하나 더 주는 특별 세일이죠.

쌍둥이자리 여성은 그녀가 가끔 보이는 모습처럼 무정한 사람은 아닙니다. 왕성한 상상력으로 다양한 판타지를 창조해 내는 이들에게 연애는 자기를 표현할 수 있는 가장 유용한 방법이며, 다른 여성들보다 최소한 두 배 이상 잘 표현할 것입니다. 쌍둥이자리 남성의 경우 프로듀서, 가수, 항해사, 법조인, 영화배우, 영업사원, 이 사회 회장 등의 역할을 모두 한 번에 수행할 수도 있고, 자기를 표현할 수 있는 영역이 매우 넓습니다. 하지만 여성의 경우에는 이 모든 것을 다 잘해 내지는 못하며,

약간 별난 사람으로 보일 수도 있습니다. 쌍둥이자리 여성이 경력을 추구하지 않아서가 아닙니다. 그들은 경력을 추구합니다. 거의 한 명도 예외가 없습니다. 하지만 현재의 사회적 여건에서 일은 연애만큼 그녀의 무수한 이론을 실험해 보고 정서적인 훈련을 해 볼 기회를 제공해 주지 못하지요.

쌍둥이자리 여성은 당신의 연민을 필요로 합니다. 분노는 아니에요. 그녀에게는 한 번에 단 한 사람에게만 전념하는 일이 고통스러울 정도로 힘겹습니다. 그녀는 상대방의 정신적인 능력과 지적인 위트에 한껏 감명을 받다가도, 다른 한편으로는 그 사람의 예술에 대한 몰이해나 음악과 시에 대한 미진한 반응을 알아채고는 실망합니다. 그러다가 매우 창조적이고 발레나 문학에 조예가 깊은 남자를 만나면, 그녀의 이중성이 또 튀어나옵니다. 박물관을 거니는 도중에 그녀의 또다른 자아는 그 남성이 돈벌이는 괜찮은지, 본인이 가는 길에 대한 주관이 있는지 등등 이것저것 의문스러워하기 시작합니다. 자, 이런 고유의 모순을 지닌 쌍둥이자리 여성을 보면서 이제 좀 연민을 느끼시리라 생각합니다.

칭찬해 주세요. 그러면 쌍둥이자리 여성은 자기의 복잡한 인격으로 말미암아 생기는 그 당황스러움을 스스로 감당해 내면서 당신에게는 부담을 주지 않을 것입니다. 그녀는 생기발랄하고 명랑한 친구입니다. 기분이 좋을 때에는 쾌활한 모습을 보이며 재치 있는 말로 당신을 즐겁게 해 주고, 지구상에 존재하는 어떤 주제에 대해서도 당신과 지적인 대화를 나눌 것입니다. 그녀는 낭만적인 감정 표현을 마음껏 즐기며, 어렵지 않게 당신의 사랑을 얻을 것입니다. 당신이 그 동안 만난 어떤 여성보다도 풍부한 상상력으로 사랑을 표현하고 독특한 매력으로 당신을 기쁘게 해 줍니다. 그녀는 섬세한 여성스러움을 풍기며 당신에게 눈웃음치기도 하지만, 스스로 생계를 꾸려 갈 능력이 없는 것도 아닙니다. 쌍둥이자리 여성은 아찔한 파티 걸로 완벽하게 변신해서 어리바리한 남성을 유혹하고 그의 통장을 손에 쥘 수도 있습니다. 또는 정숙하고 사랑스러운 가정주부가 되었다가, 위대한 철학자들의 세계를 공부하는 학구파가 되었다가, 정치나 문학에 대해서 명석한 대화를 나누는 진지한 지성인으로도 변신합니다. 아카데믹한 지식인의 모습을 보이는가 하면 또 갑자기 정제되지 않은 감정을 발산하고, 신경이 곤두서고 슬픔과 공포에 사로잡히기도 합니다. 그녀는 확실히 단조롭거나 지루할 틈은 없습니다.

이것이 과장된 표현이라고 생각한다면 메릴린 먼로를 한번 떠올려 보세요. 칼 샌드버그*부터 전담 미용사에 이르기까지, 주위의 모든 남성들이 그녀를 알고 있다고 생각했지만, 공통분모라고는 찾기 힘든 전혀 다른 그녀의 모습을 저마다 보았을 뿐이었지요. 관능적인 미의 여신으로 나온 사진 옆에는 뿔테 안경에 바부시카**를 두른 채 화장기 하나 없는 얼굴로 러시아 문학 강의에 집중하고 있는 사진도 있습니다. 다른 사진에서는 그녀가 탁월한 운동신경과 따뜻하고 인간적인 매력을 이유로 흠모했던 남편을 위해 체크무늬 앞치마를 두르고 치즈 수플레를 만드는 법을 배우고 있습니다. 그뿐인가요. 고매한 지성과 문학적 재능에 감탄하여 늘 찬미하고 존경했던 또다른 남편 옆에서 진지한 표정으로 걷고 있는 사

---

* 칼 샌드버그(Carl Sandburg, 1878~1967) : 미국의 시인. 퓰리처상을 수상했다.
** 바부시카(babushka) : 전통적으로 러시아 여성들이 머리에 쓰는 스카프.

진도 있지요. 두어 장만 더 볼까요? 세 번째 아기를 잃고 나서 눈물 자국이 채 마르지 않은 얼굴로 찍은 사진과 프랑스 어느 휴양지 해변에서 비키니 수영복을 입고 잘생긴 프랑스 배우와 함께 활짝 웃는 모습으로 찍은 사진도 있습니다. 언론 매체에 게재할 목적으로 촬영한 사진이 아니라 찍히는 줄도 모른 채 포착된 장면들이었지요. 대중에게 보여 주기 위해 선택한 이미지 뒤에 숨어 있는 다양한 모습을, 그것도 한 명의 쌍둥이자리 여성 안에 공존하는 여러 여성의 모습을 카메라의 눈으로 본 좋은 예입니다.

쌍둥이자리 여성은 '정말로, 진짜로 사랑에 빠지기를' 염원하고 있지만 사랑은 그녀를 교묘히 피해 갑니다. 어머니가 되고 싶지만 그것도 또한 잘 이룰 수 없는 경우가 있습니다. 그녀는 만나는 남성들 개개인에게서 서로 다른 완벽함을 찾아내지만, 그녀가 행복하기 위해 필요한 자질을 모두 다 갖추고 있는 단 한 명의 남성을 찾아 끊임없이 헤맵니다.

쌍둥이자리 여성은 멋진 친구가 될 수 있습니다. 당신과 스쿠버다이빙에서부터 스피드 레이싱이나 자전거,

배드민턴까지도 함께 할 수 있습니다. 이런저런 야외 스포츠에 관심이 많으면서도 여전히 연약하고 여성스러운 자태를 잃지 않고 판단력은 채찍처럼 빠릅니다. 새로운 주제를 만나 호기심이 증폭되는 순간에 그녀의 날카로운 지성이 돋보이곤 합니다. 창의적이지만 복잡다단한 당신의 아이디어를 구체적인 내용까지 이해하는 것은 물론, 그것을 진전시킬 계획까지도 덤으로 제공해 줄 것입니다. 당신이 그녀에게 일관성을 요구하지만 않는다면 그녀는 완벽한 매력을 지닌 여성이지요.

하지만 쌍둥이자리 여성은 자기가 사랑에 빠졌음을 분명하게 인식하는 상황에서도 여전히 다른 남자에게 눈을 돌릴 수 있으니 주의하셔야 합니다. 늘 당신과 함께 있는 게 아니라면, 그녀는 다른 어떤 별자리 여성보다도 당신을 빠르게 잊어버릴 수 있습니다. 변화를 받아들이고 더 나아가 변화를 추구하는 것이 그녀의 본질이니까요. 참을성과 안정감을 무시하면서까지 연애에 몰두하는 열정을 다스릴 줄 알게 되기 전에는, 자기 인생은 물론 당신의 인생에도 해를 끼칠 수 있습니다. 하지만 참으로 다행히도 대부분의 쌍둥이자리 여성들은 너무 늦기 전에 자기의 본질을 더 잘 이해하고 안정을 찾는답니다.

당신이 그녀에게 프러포즈를 성공하고 나면, 평생 일부일처제로 살아가는 다른 남성들이 모두 불쌍하게 보일 거예요. 당신은 쌍둥이자리 여성과 결혼하면서 서너 명의 아내를 얻게 되었으니까요.

1호 아내는 당신이 요구하는 대로 뭐든지 맞춰 주는 여인입니다. 당신이 그녀의 마음을 차지할 수 있을 만큼 재미있는 사람이라면, 그녀에게 성실함을 요구해도 문제없이 받아들여질 것입니다. 그녀는 정신적·육체적으로 잘 조화를 이루고 있습니다. 1호 아내는 설령 당신이 지방으로 전근을 가게 되더라도 시무룩해하지 않습니다. 그녀는 앙증맞고 야무진 손과 독창적인 미적 감각으로 새 집을 예쁘게 단장할 것입니다. 게다가 그녀는 모험을 좋아하기 때문에, 당신에게 미래가 걸린 도박을 하고 있다는 식의 비난 섞인 잔소리는 하지 않습니다. 그녀에게는 새로운 삶이 가져다 주는 스릴이 더 흥미롭습니다. 그녀는 놀라운 사업 감각으로 당신의 여러 아이디어를 보완해 주기도 합니다. 가정에 수입이 더 필요하면 나가서 일을 할 수도 있고, 지출도 매우 실용적으로 관리합니다. 겉으로 보이는 것만큼 변덕쟁이는 아니랍니다. 명랑하게 재잘거리는 모습 뒤에는 생각이 깊고 총명한 모습이 있지요.

2호 아내는 감정 기복이 심한 여인입니다. 이미 예상하셨을 거예요. 냉소적인 면과 경박한 면을 교대로 내비치면서 당신에게 빈정거리곤 합니다. 또한 당신의 지성에 도전장을 내밀기도 합니다. 하지만 당신도 가끔 자극을 받아서 나쁠 건 없지요. 피하지 말고 지적인 논쟁으로 그녀를 눌러 주세요.(그녀도 내심 그러기를 바랍니다.) 2호 아내는 어지간한 일에 충격을 받지 않으며 편견도 없어서 시위 행렬에 참가하기도 하고 연좌농성을 하느라 자정이 되도록 집에 돌아올 생각을 하지 않기도 합니다. 그녀가 밖에서 연설을 하거나 학위를 더 따기 위해 야간대학을 다녀서 당신은 비슷한 신세의 친구들하고나 어울려야 한다면 어떻게 하시겠습니까? 쌍둥이자리 아내는 적어도 당신이 어디에서 누구와 무엇을 하고 다녔는지 캐묻지는 않을 것입니다. 당신도 마찬가지로 그녀에게 묻지 마세요. 당신은 자율적인 존재이고 그

녀 또한 그렇습니다. 2호 아내는 매우 독립적인 개인주
의자입니다.

3호 아내는 반복되는 집안일 때문에 지루해하고 우
울해하는 여인입니다. 그녀가 공상에 빠지거나 희곡을
읽고 줄거리를 쓰는 동안, 침대는 정리되지 않은 채 어
질러져 있고 설거지도 한가득 쌓여 있을 것입니다. 아마
도 당신에게 저녁 식사로 통조림을 뚜껑도 따지 않은 채
줄지도 모릅니다. 하지만 당신은 3호 아내와 늦은 시간
까지 영혼을 채워 주는 대화를 나눌 수 있습니다. 그녀
는 당신이 살아오면서 받은 상처를 어루만져 줄 것입니
다. 또한 불교에 대한 당신의 생각을 진지하게 들어 주
고 노랫말을 써 보려는 당신의 시도에 열광하는 식으로,
당신의 정서적·지적 갈망을 모두 만족시켜 주기도 합니
다. 한 마디로 그녀는 정말로 좋은 친구입니다. 집안일
이나 그녀가 읊어 대는 허튼소리에 대해 당신이 잔소리
하지 않으면, 그녀도 또한 매우 다정다감하게 대해 줍니
다. 물론 가끔씩 가계부를 엉망으로 만들기는 하겠지요.
하지만 당신이 문득 캠핑을 떠나자고 하거나 며칠 라스
베이거스로 여행가자고 해도, 비용은 어떻게 할지 누가

고양이에게 밥을 줄지 욕실에 물이 새면 어떻게 할지 등과 같은 어리석은 대꾸는 하지 않을 것입니다. 대신 신이 나서 당장 여행 가방을 싸겠지요.

4호 아내는 명랑하고 잘 웃는 어머니입니다. 그녀가 아이들을 과잉보호해서 숨 막히게 할 일은 없습니다. 그녀 자신이 일을 너무 많이 벌이기 때문에 오히려 아이들이 어머니를 방해할 기회가 별로 없습니다. 아이들도 어머니의 자립정신을 자연스럽게 배울 것입니다. 누군가 아이들과 얼마나 많은 시간을 함께 보내는지 묻는다면 그녀는 이렇게 대답할 것입니다. "우리 가족에게는 많은 시간이 아니라 많은 사랑을 나누는 게 중요합니다." 그 말이 맞습니다. 그녀의 아이들은 그다지 어머니에게 복종하지 않을 수도 있습니다. 그녀가 하루는 아이들을 엄하게 대하다가도 다음날이면 어느새 물러져서 아이들에게 끌려다니기 때문입니다. 하지만 아이들은 어머니와의 긴긴 대화를 좋아할 것입니다. 엄마의 상상력과 아이들의 상상력이 한데 어우러져 그야말로 즐거운 대화를 나누곤 합니다. 그녀는 관대한 편이지만 아이들의 학업만큼은 신경을 쓰면서 좋은 점수를 받아야 한다고 주장할 것입니다. 자기가 도와서라도 아이들이 숙제를 꼭 해결하게 만들지만, 방 정리를 하지 않았다는 이유로 야단치는 일은 없습니다.

5호 아내는 아름다운 안주인입니다. 촛불과 꽃으로 집을 장식하고 은 접시를 닦는 일에는 이미 전문가입니다. 직장 상사부터 국회의원에 이르기까지, 당신은 그 누구라도 걱정 없이 저녁 식사에 초대할 수 있습니다. 손님들은 그녀가 너무도 우아하고 매력적이어서 집에 돌아가고 싶어 하지 않을지도 모릅니다. 그녀는 유달리 애쓰지 않으면서도 일상을 효율적으로 잘 관리하고, 패션모델처럼 옷도 잘 입고, 연극 보러 가는 것도 좋아합니다. 미술관이나 공연장에 함께 가 보면, 어떤 부류의 사람들과도 편안하게 잘 어울리는 당신의 아내를 목격하게 될 것입니다. 모든 사람들이, 당신과 사랑스럽게 팔짱을 끼고 있는 저 매력적인 여인이 누구인지 궁금해하면서 당신을 부러운 눈길로 쳐다보겠죠. 그녀는 낭만적이고 너무나도 여성스러운 면을 발휘해서 당신의 생일날 시를 써 주기도 합니다. 당신은 그녀의 우아한 스타일 때문에 마치 귀족이라도 된 기분이 들어서 그녀에

게 벨벳 드레스 가운이나 값비싼 향수를 선물하고 싶어
질 것입니다. 그녀에게 유럽 여행을 가자고 하면 눈을
반짝거리며 좋아할 거예요. 그녀는 아주 세련된 사람입
니다.

자, 이 정도입니다. 어쩌면 당신의 쌍둥이자리 아내
들 중에서 몇 명 빠뜨렸는지도 모릅니다. 한 동네에 사
는 기혼 남성들은 매일 다른 여성과 다니는 당신을 보면
서 질투에 눈이 멀겠네요. 어떻게 이런 일이 가능하냐고
물어 오면 그냥 한 번 씨익 웃어 주세요. 일부다처제는
어쨌거나 불법이니까요.

쌍둥이자리 여성은 비행기를 탈 수 있다면 기차를
타지 않습니다. 말할 수 있다면 절대로 침묵하지 않습니
다. 도와줄 수 있다면 외면하지 않지요. 달릴 수 있다면
결코 걷지 않습니다. 그녀의 마음속에는 생각도 너무 많
고 소망도 많아서 정리하려면 컴퓨터가 필요할 정도입
니다. 또는 그저 옆에서 함께 달리며 오늘의 꿈을 내일
의 현실로 같이 만들어 갈 누군가가 필요한지도 모릅니
다. 하지만 당신이 바로 그 사람일지라도, 그녀는 고개
를 돌려서 당신이 가까이에 있는지 감히 살피지 못한답

니다. 내면에 깊게 자리 잡은 설명할 수 없는 두려움 때문에 뒤돌아보고 싶어도 뒤돌아보지 않습니다. 그러니 당신이 그녀와 속도를 맞출 수 있다면, 그녀를 잡아당겨 당신의 페이스에 맞추기 바랍니다. 손을 꼭 잡고 절대로 놓아 주지 않는다면 가능합니다. 비록 수성의 거센 바람이 그녀를 부채질하겠지만, 그녀는 당신이 생각하는 것보다 더 간절하게 멈춰 쉬고 싶어 하는지도 모릅니다. 서둘러 그녀를 따라잡으세요. 그녀에게는 당신이 필요합니다.

쌍둥이자리 어린이

Ⅱ

광어가 달팽이에게 말하기를
"좀 더 빨리 걸을래?
대구가 바로 뒤에서 내 꼬리를 밟으려고 하잖아."

쌍둥이자리 아기가 막 태어났다면, 당신은 롤러스케이트 타는 법을 배우고 뇌를 워밍업 시켜 두는 것이 좋습니다. 앞으로 15년에서 20년 동안은 몸도 마음도 긴장하고 있어야 하기 때문에 아기가 걸음마를 하기 전에 당장 시작하는 것이 좋습니다. 머지않아 곧 걸어다니고 말도 하게 될 텐데, 아이 옆에서 날아다닐 준비가 되어 있지 않으면 아이는 마치 비눗방울처럼 당신 손가락을 빠져나가 버릴지도 모릅니다. 비눗방울 잡아 보신 적 있나요?

미국 통계청에 따르면 실제로 쌍둥이는 1년 중 어느 때보다도 쌍둥이자리 계절에 많이 태어난다고 합니다. 당신의 쌍둥이자리 아이도 쌍둥이일 거예요. 아니면 세쌍둥이일지도 모르죠. 아니라고요? 아직 단정하기에는 이릅니다. 손가락 발가락이 열 개씩 있다고 해서 그냥 한 사람으로 여기면 곤란합니다. 쌍둥이자리 아기라면 얘기가 다르죠. 아기가 기어다니기 시작하면 무슨 뜻인지 알게 될 거예요. 분명히 불과 1초 전에 다용도실에서 아기가 전기 믹서 안에 손을 집어넣으려는 것을 보았습니다. 그런데 이게 어찌 된 일인지 어느새 현관 앞에서 해맑은 얼굴로 화초를 씹어 먹고 있네요. 어떻게 두 장소에 동시에 있을 수 있는 걸까요? 당신의 아이가 수성의 지배를 받고 있다는 것을 기억해 두세요. 이 아기는 신화에 등장하는, 발에 날개를 달고 머리에 빛나는 은 투구를 쓴 그리스 신이랍니다. 자, 아기의 머리에 투구 대신 냄비를 뒤집어씌우고, 작고 통통한 아기 발에서 날개가 자라난다고 상상해 보세요. 이제 좀 비슷해 보이죠?

저는 개인적으로 엄마들이 쇼핑을 갈 때 아이를 끈으로 묶어서 데리고 다니는 것을 찬성하지 않습니다. 마치 개를 끌고 다니는 것 같잖아요? 하지만 쌍둥이자리 아기와 다닌다면 만약의 경우를 대비해서 그 끈을 두세 개쯤 사 두라고 권하고 싶습니다.

당신은 아기가 그렇게 활동적이라면, 튼튼한 난간이 달린 유아용 침대를 꼭 장만해야겠다고 생각할 것입니다. 일리도 있고 이해도 가지만, 과연 쌍둥이자리 아이에게 그런 울타리가 적절할지는 모르겠네요. 작은 공간 안에 가두어 두다니요! 여기저기 돌아다니면서, 탐험하고 스스로 배워 나가는 기질을 타고난 어린 쌍둥이자리 아기에게는 상당히 잔인할 수 있습니다. 하지만 물리적으로 가두는 것보다 더 잔인한 것이 있습니다. 보고 즐길 것들이 바깥 세상에 널려 있는데, 작은 울타리 안에 갇혀 지내며 맛보게 될 정신적인 지루함이야말로 한층 더 위험합니다. 유아용 침대에 가두어 두는 시간이 너무 길면 안 됩니다. 쌍둥이자리 아기는 자유를 지나치게 제한하거나 방해하면 우울증이 생겨서 쉽게 헤어나지 못하기도 합니다. 쌍둥이자리는 공기 별자리라는 것을 기억하세요. 공기는 움직여야 합니다. 정 울타리 안에 가두어야만 하는 상황이라면, 잊지 말고 다양한 장난감과 책을 잔뜩 넣어 주세요.

쌍둥이자리 아기를 울타리 안에 넣어 두었다고 해도 그 안에 오래 있지는 않을 것입니다. 수성은 성대를 관장하는 행성입니다. 어린 쌍둥이자리 아기가 그 분야에서 자기의 재능을 발견하고 나면, 도대체 그 작은 입에서 어쩌면 그렇게 엄청난 소리가 나오는지 놀라게 될 것입니다. 최대한 빨리 울타리 밖으로 꺼내 줄 수밖에 없지요. 이웃들이 이해심이 많거나 귀가 잘 안 들린다면 좀 여유가 있기는 할 거예요. 쌍둥이자리 아이는 새처럼 빨리 움직이기 때문에 어른들, 특히 차분한 어른들을 초조하게 만듭니다. 어른들은 항상 어린 쌍둥이자리 아이에게 이런 훈계를 할 것입니다. 가만히 좀 있어라. 인내심을 가져라. 일은 한 번에 한 가지씩만 해라. 하지만 쌍둥이자리 아이는 두 가지 이상의 일을 동시에 하는 것이 무척이나 자연스럽습니다. 따분하고 차분한 사람들이 "한시도 가만히 못 있는군."이라고 말하겠지만 쌍둥이자리 아이에게는 지극히 정상적인 행동이지요. 아이에게 차분한 사람들을 보고 배우면 더 칭찬 받을 거라는 생각을 주입해서는 안 됩니다. 아이 자신을 위해서 조금 천천히 행동하는 법을 배울 필요는 있지만, 타고난 성향을 바꾸는 일은 불가능합니다. 내성적이고 차분한 어른들을 짜증나게 하는 재빠른 쌍둥이자리 아이나, 활동적인 어른들을 짜증나게 하는 조용하고 조심스러운 염소자리 아이나, 모두 자기답게 행동하고 있다는 사실을 잊지 말아야 합니다. 모두가 자기답게 살아야 하는데, 그 성격을 고쳐 놓겠다고 덤비는 사람들이 꼭 있어서 그게 참 힘들죠.

쌍둥이자리 아이를 있는 그대로 사랑해 주세요. 싹싹하고 총명하며 호기심 많고 조숙한 어린 인간으로 대해 주세요. 개똥벌레를 달팽이로 바꿀 수 없고, 반대로 달팽이를 개똥벌레로 바꿀 수도 없는 법입니다. 표범의 얼룩무늬를 깨끗하게 지울 수도 없습니다. 만약 누군가 얼룩을 벗겨 내려 한다면 몹시 불행하고 신경질적인 표범이 되겠지요?

물론 당신이 표범을 기르는 것은 아닙니다. 밝고 재

미있고 열정이 많은 아이를 키우고 있죠. 하지만 이 비유에는 일리가 있습니다. 쌍둥이자리 아이의 이중성이라는 얼룩무늬를 그대로 남겨 두세요. 언젠가 자신이 설계해서 지은 건물을 보여 주거나 권위 있는 문학상을 수상해서 당신을 자랑스럽게 만들어 줄 것입니다. 아이가 여러 방면으로 재능을 드러내기 시작하면, 당신은 아이를 가두려고 했던 행동을 후회하게 될지도 모릅니다. 아이가 펄쩍펄쩍 뛰어다니는 것은 타고난 빠른 반사신경을 훈련하는 것입니다. 쌍둥이자리 아이의 다채로운 마음 때문에 당신이 혼란스럽기는 하겠지만, 아이는 수천 가지 꿈을 쫓아가면서 정리하는 중이고, 또 어떤 것을 버리고 어떤 것을 간직할지 결정하는 중이랍니다.

학교 선생님들은 쌍둥이자리 아이가 읽기 공부를 매우 잘한다는 것을 바로 알아차립니다. 쌍둥이자리는 언어 능력이 뛰어나서 새로운 낱말을 곧잘 만들어 내곤 합니다. 일어나서 책을 읽어 보라고 하면 망설이지 않고, 숙제를 내 주면 다른 아이들은 한숨을 쉬는 반면에 쌍둥이자리 아이는 미소를 짓습니다. 쌍둥이자리 아이는 남들과 소통하는 것을 좋아하고, 자기의 지식을 말이나 글로 표현해서 공유하는 것도 좋아합니다. 대부분 기계를 잘 다루고 양손잡이인 경우도 많습니다. 왼손으로 글을 쓰고 오른손으로 그림을 그리는 쌍둥이자리 아이도 많이 있습니다. 손톱을 물어뜯는 경향이 있을 수도 있는데, 손가락이 가늘고 유연성이 있어서 마술을 배우거나 악기를 다루는 데에 유리합니다. 훌륭한 외과 의사나 치과 의사 또는 시계를 만드는 사람이 될 수도 있습니다. 쌍둥이자리의 손은 예민하고 표현력이 있으며 무엇이든 잘 다룹니다.

남을 흉내 내는 능력도 탁월합니다. 이미 어릴 때부터 날카로운 위트와 풍자 감각을 드러냅니다. 집에서나 학교에서나 쌍둥이자리 아이는 환상과 현실이 서로 넘나들며 뒤섞이는 세계에 살고 있습니다. 사실은 환상으로 묘사되고 환상은 사실로 위장됩니다. 과장을 하거나 심지어 거짓말을 하는 것처럼 보이기도 합니다. 하지만 어떤 일에 대해 자기도 모르게 약간 색깔을 덧입히는 것뿐입니다. 때로는 자기가 말한 상황이 정말로 일어났다고 믿기도 합니다. 그럴 때 심하게 나무라서는 안 됩니다. 상상의 나래를 펼치는 중이니까요. 상상력을 가지고 있다는 이유로 죄책감을 느끼게 하기보다는, 항상 진실만을 이야기하도록 유도하고 그 이야기를 종이에 적어 보도록 하는 것이 좋습니다. 그런 방법을 배우면 꿈과 현실 사이에서 길을 잃는 대신에 그 차이점을 알게 될 것입니다. 타고난 기질대로 표현하고 의사소통할 수 있게 해 주지 않으면 아이는 방어적으로 자기의 환상 속에 은둔하고 말 것입니다. 어릴 때 일찌감치 외국어를 가르치는 것도 좋습니다. 아이는 아주 쉽게 익힐 것입니다. 사수자리 아이처럼 쌍둥이자리 아이는 두 개의 언어를 구사하는 것이 매우 유용하다는 사실을 깨달을 것입니다. 덕분에 말도 많이 하고 여행도 많이 할 수 있으니까요.

라디오를 들으면서 동시에 숙제도 할 수 있다고 고집을 부리는 쌍둥이자리 아이의 말은 아마 사실일 것입니다. 학교 성적이 증명해 준다면 굳이 반대할 이유가 없지요. 한 번에 한 가지 일? 쌍둥이자리는 절대로 만족하지 않습니다. 한 생애에 두 개의 삶을 살면서 가능한 많은 것을 최대한 빨리 흡수해야 합니다. 하지만 한 가지 일을 끝까지 배울 끈기와 인내심이 부족하다면 크나

큰 위험을 안고 있는 셈이죠. 쌍둥이자리 아이들이 대상을 완전히 이해하지 않고 재빠른 두뇌로 대충 파악하는 습관을 들이지 않도록 신경 써서 가르쳐야 합니다.

쌍둥이자리 아이는 시간을 잘 못 지킵니다. 어디론가 가는 중간에 늘 새로운 것을 발견하기 때문입니다. 남의 말을 중간에 끊지 않고 끝까지 듣는 일도 쉽지 않습니다. 순간적으로 상대방의 생각을 읽어 내기 때문에 나머지 자세한 내용에는 관심이 없습니다. 자기는 말을 반복하는 경향이 있으면서 남들이 반복하는 것은 못 참는 경향이 있어서 사람들을 화나게 하기도 합니다. 수업 시간에는 날파리에도 정신을 뺏기고, 색종이나 창밖의 구름만 보아도 주의가 분산됩니다. 아이가 집중하도록 유도하는 것이 쉽지는 않겠지만 일단 몰두하기 시작하면 아이는 강한 호기심과 적극적인 관심으로 수업 분위기를 즐겁게 만들어 줄 것입니다.

쌍둥이자리 아들이 십대가 되면 전화기를 끼고 살고, 여자친구는 매주 바뀌고, 장래희망은 수백 번도 더 바뀔 것입니다. 차를 좀 빨리 몰고 다닐 테고, 자동차 엔진을 부르릉거려 보고, 세탁기를 수리해 줄 것입니다.

딸이라면 인기가 많을 것입니다. 샤워기를 틀어 놓고 펑펑 울다가도 순식간에 해맑은 미소를 짓곤 합니다. 당신은 아이들 때문에 늘 종종걸음을 쳐야 하겠지만 덩달아 젊음을 유지할 수 있습니다.

당신의 쌍둥이자리 자녀가 마침내 어른이 되면 많은 사람들이 못마땅하다는 듯이, "그 집 아들은 호기심이 너무 많은 것 같아요."라고 말할 것입니다. 당신은 그냥 웃기만 할 테고 사람들은 당황스러워하겠지요. 아마도 당신은 아이가 일곱 살이 되던 어느 봄날을 회상하고 있을 것입니다. 아이가 초콜릿 파이에 손가락을 찔러 넣어 보고, 면도 크림도 만져 보고, 어항과 쓰레기통과 뜨거운 찌개와 전기 소켓에도 손을 넣어 보았습니다. 당신은 크게 화를 냈지요. 해가 질 무렵에는 잔디밭에서 반딧불이를 쫓아다니는 아이를 보았습니다. 당신은 한숨을 쉬며 혼잣말을 했지요. "왜 저렇게 뛰어다녀야 하는 거야! 왜 온갖 물건에 다 관심을 갖느냐고! 도대체 뭘 찾고 있는 건지 원." 아이는 당신이 하는 이야기를 얼핏 듣고는 마음이 불편해졌습니다. 아이가 당신에게 다가와 이렇게 말했습니다. 당신은 그때 아이의 밝고 투명하게 빛나던 눈을 절대로 잊지 못합니다. "글쎄요, 엄마……. 저도 모르겠어요. 하지만 걱정하지 마세요. 언젠가는 찾을 거예요."

쌍둥이자리 사장

♊

할아버지가 말했어.
"나는 밀 숲 사이에서 잠자고 있는 나비를 찾고 있어.
그것을 양고기 파이에 넣어 길거리에서 팔지.
폭풍이 이는 바다에서 항해하는 사람들에게도 팔아.
그것이 내가 양식을 얻는 방법이지.
괜찮다면 아주 조금만 사 줘."

쌍둥이자리 사장은 어떤 날에는 걸어다니는 알람시계처럼 정확한 눈으로 당신이 휴식 시간을 1초씩 초과할 때마다 기록하다가, 어떤 날에는 점심 시간을 세 시간 넘게 써도 알아채지 못하기도 합니다. 매일 바뀌는 사장의 상태를 알아맞히려면 동전이라도 던져 봐야 합니다. 사장의 태도를 그날그날 예상할 수만 있다면 직장 생활에 많은 도움이 될 것입니다.

하지만 쌍둥이자리 사장은 매일 아침 침대에서 어느 쪽으로 나올지 자기도 모르는 사람이라서, 제가 뭐라고 귀띔을 해 드릴 수가 없네요. 그나마 확실한 방법은 오늘은 어제와 다른 모습일 거라고 예상하는 것이며, 내일에 대해서는 행운을 빌 수밖에 없다고나 할까요?

쌍둥이자리 사장이 좀 가만히 있지 못하는 성격이기는 하지만 어쨌거나 뛰어난 리더가 될 수 있습니다. 처녀자리나 물고기자리 또는 사수자리처럼, 변화하는 성질을 지닌 별자리들 중에서는 그나마 가장 리더 역할에 어울립니다. 하지만 평생을 가도 누구를 지휘하거나 사람들을 이끄는 기술은 별로 나아지지 않습니다. 자기가 큰 기업을 운영하는 체질을 타고났다고 자신하는 쌍둥이자리가 있다면 스스로 농담을 하는 것이지요. 물론 예외가 있기는 합니다. 예를 들어 태양별자리가 쌍둥이자리이고 동쪽별자리가 사자자리이며 달별자리가 천칭자리인 경우라면 다를 것입니다. 쌍둥이자리 사장은 책상에 한 시간 이상 가만히 앉아 있지를 못합니다. 그러나 보기 드문 리더십을 보여 주었던 쌍둥이자리 케네디 대통령은 이 문제를 깔끔하게 해결했습니다. 흔들의자를 빠르게 움직이면서 자기의 불안한 에너지를 해소했답니다.

쌍둥이자리 사장은 여기저기 돌아다녀야 합니다. 쌍둥이자리는 공기 별자리입니다. 공기가 가만히 정지해 있는 것을 보신 적이 있나요? 덥고 습도가 높은 날에는 가끔 그래 보일 수도 있지만 그것도 착각일 뿐입니다. 전형적인 쌍둥이자리 사장이 사무실에 너무 오래 갇혀 있다 보면, 하도 서성거려서 카펫이 여기저기 얼룩집니다. 그는 근사한 사장 직함을 달고 9시부터 6시까지 정해진 시간에 근무하도록 강요당하는 것보다는, 경영 자문이나 생산성 전문가 또는 문제 해결 부서를 책임지는 부사장 같은 직책을 더 좋아할 것입니다. 그는 아이디어와 원칙 그리고 추상적 개념들을 다룹니다. 임원이라면 누구나 져야 하는 따분하고도 물리적인 책임감은 그의 용솟음치는 기상을 우울하게 만듭니다. 그러므로 임원 자리에 오르게 되면 그는 재빨리 자기의 예리한 안목을 활용하여 주변에 있는 사람들에게 권한을 위임할 것입니다. 이런 내막으로 신중하게 선발된 전문가들이 실제로 사업을 운영하게 되고, 본인은 회사의 이윤을 늘

리고 간접비를 줄여 줄, 급진적이고도 독창적인 계획을 수립하는 데 전력을 다할 것입니다. 지루하게 반복되는 시시콜콜한 업무에 쏟을 인내심은 처음부터 없었지요.

만약에 회사에서 당신의 상관으로 쌍둥이자리가 부임해 왔다면 조만간 불어닥칠 변화의 바람에 대비해야 합니다. 가장 느린 커뮤니케이션 수단은 아마도 해외 특급우편일 것이며, 전임자보다도 전화기에 단축키를 더 많이 설정해 놓을 것입니다. 새로 온 쌍둥이자리 상사는 1주일 정도는 일을 시작하지 않고 모든 분야에 대해 질문을 하며 들쑤시고 다닐 것입니다. 어떤 업무가 어떻게 돌아가고 있는지 파악을 하고 나면 바로 그렇게 하는 이유를 알고 싶어 할 것입니다. "항상 이렇게 해 왔는데요."라고 대답하면 그의 밝게 빛나던 눈동자가 얼음처럼 굳어지면서 당신을 30초 동안 꼼짝 못하게 만들 것입니다. 쌍둥이자리는 전통이라는 것에 전혀 관심도 없고 감동을 느끼지도 않습니다. 오히려 오랜 전통이라는 얘기를 듣는 순간 변화시켜야 할 명분을 찾은 셈입니다. 전형적인 쌍둥이자리 임원은 사무실 가구 배치를 수시로 바꿉니다. 1주일에 한 번은 더 효율적인 문서 보관 시스템을 위해 새로운 아이디어를 제출하라고 비서를 들볶고, 마음에 들 때까지 업무 일정도 이리저리 바꿉니다.

그래도 쌍둥이자리 사장이 일관적인 부분이 하나 있습니다. 절대로 단조로울 일은 없다는 것입니다. 또한 독단적이지도 않을 것입니다. 그는 매우 유연하게 사고합니다. 게다가 당신이 그를 잘못 인도하거나 사안에 대해 혼란을 줄 일도 없습니다. 날카로운 수성의 지성은 순식간에 불필요한 말들을 제거하고 장막을 걷어 내서 사안의 모든 측면들을 명료하게 드러내기 때문입니다. 즉, 회사에서 다른 사람들이 음모를 꾸미고 있다면, 이 또한 모두 밝혀지고 만다는 의미입니다. 가끔은 쌍둥이자리 임원의 머리 뒤에 눈이 달려 있다고 믿거나, 귀도 몇 개 더 있을 거라고 생각하게 될 것입니다. 신체 구조에 대해 말이 나왔으니 말인데, 어쩌면 다리도 몇 개 더 있을지 모릅니다. 동시에 두 장소에 모습을 드러내는 경우가 상당히 많이 있기 때문입니다.

쌍둥이자리 사장이 당신을 미워하거나 적이 될지 모른다고 두려워할 필요는 없습니다. 쌍둥이자리는 누군가를 미워할 정도로 한 사람에게 오래 관심을 가지지 않습니다. 누구도 쌍둥이자리의 머릿속에 한 시간 이상 머물지 않는답니다. 폭력적인 생각을 키우기에는 충분하지 않은 시간이지요. 게다가 그는 남들이 어떻게 느끼고 있는지에 대해 상당히 객관적으로 이해합니다.

쌍둥이자리 사장은 비록 여러 가지 면에서 개인주의적이기는 하지만, 당신을 개인주의자로 여기지는 않는다는 사실을 알고 나면 당황스러울지도 모르겠네요. 일관성이 없어 보이지만 쌍둥이자리 자체가 이중성의 별자리이므로 그리 놀랄 일은 아닙니다. 당신의 개인적인 의견을 존중하지 않는다는 의미는 아닙니다. 그는 당신을 존중합니다. 다만 당신을 한 명의 개인으로 보지는 않을 때가 많다는 뜻입니다. 쌍둥이자리의 생각은 매우 관념적이기 때문에, 사물이건 사람이건 기본적인 설계 구조만을 보는 경향이 있습니다. 모든 종류의 사람들이 그에게 매력적이기는 하지만, 그는 사람들을 능력과 아이디어 그리고 잠재력에 따라 분류하는 경향이 있습니다.

하지만 이런 기이한 관점 때문에 쌍둥이자리 사장이 인간적인 매력이 없는 사람으로 보이지는 않을 것입니다. 사실은 그 정반대이지요. 그의 접근 방법이 감정적이기보다는 매우 이성적이기는 하지만, 그는 사람들을 무척 좋아하고 사람들도 그를 좋아하지 않을 수 없습니다. 사람들과 지속적으로 접촉하지 않으면 그는 말라 버리고 공중에 붕 뜨고 말 것입니다. 수성은 쌍둥이자리가 남들과 어울리면서 간접 경험을 자양분으로 삼지 않으면 우울해지도록 만들었답니다. 혼자 있는 모습도 거의 볼 수 없을 것입니다. 그가 비록 사람들을 유형별로 구분 짓고 감정적으로 연루되지는 않지만 주변에 늘 사람들을 필요로 한답니다.

쌍둥이자리 사장은 대단한 설득력을 지니고 있습니다. 거부할 수 없는 매력과 재치 있는 말솜씨로 당신을 구슬리기 때문에 당신은 결국 그가 듣고 싶어 하는 말을 하게 되지요. 이는 태어날 때부터 행성들이 부여해 주는 일종의 보완 능력인데, 그의 냉정한 본성을 숨겨 주는 역할을 합니다. 쌍둥이자리는 일반인들이 닿을 수 없는, 옅은 공기로 만들어진 구름 위의 성에 살고 있습니다. 쌍둥이자리는 겉으로는 따뜻해 보이지만 실제로는 냉정하고 냉담하며 외롭습니다. 많은 친구들을 찾아 다녀도,

결국 최종적인 분석과 결론은 다른 사람들이 아닌 자기 안에서 찾아내는 냉정한 사람들이니까요. 하지만 동정심이 없는 사람들은 아닙니다. 그는 너그럽고 동정심도 많지만, 남에게 사랑과 우정을 전할 때 거리를 두듯이, 동정심과 이해심도 거리를 두고 표현합니다.

쌍둥이자리 사장은 뛰어난 유머 감각을 가진 사람들이니, 당신이 그를 설득할 때 눈물보다는 재치 있는 농담을 동원하는 것이 빠릅니다. 그는 감수성이 풍부하지는 않지만, 사물의 익살스러운 측면을 잘 볼 것입니다. 진정한 지성의 전제조건이 유머 감각이라고 한다면, 수성인의 돋보이는 유머 감각이 놀라운 일은 아닙니다. 비록 가끔은 날카로운 냉소주의 경향을 띠기는 하지만요. 쌍둥이자리가 관여하는 회사와 활동에는 늘 어느 정도의 혼란이 따라다닙니다. 물론 당사자는 혼란스러워하지 않습니다. 쌍둥이자리는 모든 것을 정리하고 지저분한 흙탕물을 씻어 내니까요. 재빠르게 파악해 내는 안목과 두뇌 회전이 완벽한 조화를 이루며 작용합니다. 그의 눈은 항상 반짝반짝 빛납니다. 회사 내에서 가장 훌륭한 세일즈맨으로서 연설도 잘하고 사람들을 즐겁게 해 줍니다. 출장이 잦은 사장이 눈 깜짝할 사이에 여행 가방을 싸는 묘기는 그야말로 주목할 만한 퍼포먼스입니다. 새로 온 예쁜 비서에게 사장이 추파를 던지면, 그 비서에게 얘기해 주어야 합니다. 그는 단지 자기의 매력을 과시하는 것이므로 전혀 심각하게 받아들이지 말라고 말입니다.

쌍둥이자리 사장과 함께 있는 동안은 즐겁게 일하세요. 사장은 경제적으로나 사업적으로 일단 성공을 거두고 나면 갑자기 지루해져서, 정년퇴직을 기다리지 않고 또다른 도전을 찾아 떠납니다. 그가 떠나기 전에 그가 구사하는 전략들을 배워 두도록 하세요. 쌍둥이자리 사장의 전략전술은 정말 환상적이지요. 말을 애매모호하게 하는 것을 보세요. 실로 이 방면의 전문가입니다. 논점을 계속 뺑뺑 돌려서 당신을 헷갈리게 하다가 마침내 생각을 바꾸도록 합니다. 당신이 상황을 채 파악하기도 전에 자기 쪽으로 넘어오게 만들어 버리지요. 경쟁구도 하에서는 매우 똑똑하겠지만, 그는 여전히 어찌할 수 없는 몽상가이며 탁월한 이야기꾼입니다. 어느 나라 출신인지는 중요하지 않습니다. 이스라엘 출신이건, 호주

나 아프가니스탄 출신이건 간에 이 세상의 모든 쌍둥이
자리들은 마음속 깊이 아일랜드의 정서가 있습니다. 그
렇지 않다면 듣기 좋은 말로 꾀는 재주를 어떻게 타고
날 수 있겠어요? 그들이 매고 있는 녹색 넥타이를 보세
요. 제가 뭐라고 했습니까? 정말이지 완벽한 코크* 출신
이라니까요.

---

* 코크(Cork) : 아일랜드 남부에 있는 주.

쌍둥이자리 직원

Ⅱ

바다코끼리가 말했어.
"많은 것을 이야기할 때가 됐군.
신발과 배와 봉랍과 양배추와 왕들과
그리고 왜 바다가 뜨겁게 끓어오르는지,
돼지에게 날개가 있는지 없는지를."

그러나 가엾은 목소리 하나가 어찌 세 혀를 이기리오.

회사에 유난히 말을 빨리 하고 빨리 움직이고 생각도 빠른 직원이 있는지요? 얼굴이 어려 보이고 행동도 나이를 잊은 듯이 어려 보이나요? 예측불허의 그 직원은 도대체 가만히 있는 법이 없지만 독창적인가요? 하지만 인내심이 부족하다고요? 그렇다면 당신은 정말 똑똑한 사장이군요. 쌍둥이자리 직원을 채용했으니 말이에요.

왜 그랬는지 쉽게 이해가 갑니다. 반짝이는 지성과 창조적인 상상력은 말할 필요도 없고 그가 가진 매력과 간교한 속임수에 당신도 어쩔 수 없었을 것입니다. 이제 그가 일하는 모습을 보니, 다른 어떤 직원보다도 추상적인 이론을 능숙하게 도출해 내는가 하면, 그것을 공식화하는 것도 퍽 잘해 냅니다. 물병자리 직원도 추상적인 용어를 마음껏 생각해 낼 수 있고, 양자리 직원은 최신 정보를 열정적으로 제시해 주며, 처녀자리 직원은 세부 사항을 꼼꼼하게 정리할 수 있습니다. 하지만 쌍둥이자리 직원은 이 세 가지를 모두 할 수 있답니다.

그렇다고 다른 직원들이 불필요하다는 뜻은 아닙니다. 쌍둥이자리 직원에게는 양자리의 추진력이나 기꺼이 야근도 불사할 충성심 따위는 없다는 것을 기억하세요. 물병자리의 굳건하고 안정적인 목적의식도 없을 것이고, 처녀자리의 끝없이 헌신적인 태도도 없습니다. 나머지 별자리들을 모두 논하지는 않겠습니다. 이해가 되었을 테니까요. 쌍둥이자리 직원은 이중인격자인지라 여러 역할을 동시에 수행하는 잠재력을 보유하고는 있지만, 혼자 모든 것을 해낼 수는 없습니다. 다른 직원들보다 더 잘해 낼 수는 있지만 그만큼 다른 직원들도 필요할 것입니다.

쌍둥이자리는 처녀자리, 양자리, 사자자리, 전갈자리처럼 비상 사태에 대처할 수 있는 능력을 가지고 태어났습니다. 이들은 위기 상황에 신속하게 대처할 수 있답니다. 전형적인 쌍둥이자리는 다른 직원들이 다들 신발끈이나 매고 있는 동안에 신속하게 결정을 내리고 행동에 들어갑니다. 반복되는 일상 업무에는 쉽게 싫증을 내고 자유로운 상태에 있을 때 가장 행복해하므로 그를 책상 앞에 묶어 둘 생각은 하지 않는 것이 좋습니다. 정해진 시간에 맞춰서 일하느니 차라리 감옥에서 시간을 보내고 싶어 할 것입니다. 적어도 감옥에서는 동료 죄수들의 행동을 연구하면서 호기심을 충족시킬 수 있으니까요. 쌍둥이자리는 지나치게 조직화되어 있거나 체제 순응적인 집단에서는 자기의 다양한 재능을 발휘할 수 있는 적절한 분야를 찾지 못해서 의기소침해할 수 있습니다. 쌍둥이자리 사기꾼이나 좀도둑은 대부분 정직하기로는 자기에게 형을 선고하는 판사들만큼 정직하며, 그들보다 두 배쯤은 더 이상적입니다. 어린 시절에 넘치는 상상력과 지칠 줄 모르는 에너지에 대해 죄책감을 느끼게 만들거나 성장해서는 너무 급진적이라는 이유로 혹은 진부한 시스템에 적응하기를 거부한다는 이유로 계속 비난받게 되면, 쌍둥이자리의 고결한 도덕과 윤리 의식이 왜곡될 수 있습니다.

쌍둥이자리의 언변이 워낙 좋다 보니, 사람들은 정작 자기가 쓰지도 않을 물건을 사게 됩니다. 영업이나 프로모션 업무 쪽에 쌍둥이자리의 재능을 활용하면 절대로 실패하지 않습니다. 쌍둥이자리가 달변으로 회사를 칭찬하기 시작하면, 임원인 당신도 생각해 내지 못한 내용들을 쏟아 낼 것입니다. 일반인을 대상으로 판매 활동을 하게 하거나, 식당이나 골프장에서 고객을 모집하는 일을 시키세요. 아니면 사업을 홍보하거나 주문을 수주하는 일을 주세요. 부득이하게 회사 내에서 일을 시켜야 한다면 주의해서 배치해야 합니다. 사자자리나 양자리만큼 지시 받는 일을 싫어하지는 않지만, 한 곳에 갇혀 있으면 신경이 예민해지고 재능이 둔해져서 자기표현 능력마저 잃어버리니까요. 이렇게 되면 쌍둥이자리 직원은 족쇄를 끊고 조금의 망설임도 없이 자유로운 곳으로 날아가 버릴 것입니다. 그렇다고 냉큼 달려가 그가 아직 자리에 있는지 성급하게 살펴볼 필요는 없습니다. 당신에게 직접 이유를 설명하고 자기의 관점을 납득시키고 설득할 기회를 잡아 보기도 전에 그냥 사라져 버리는 일은 없을 테니까요. 쌍둥이자리 직원이 당신과 같은 생각을 가지고 있다고 확신하면, 그는 마치 신이 보낸 날개 달린 전령처럼 만족스러워하며 당신의 지시를 따를 것입니다.

당신은 사자자리나 양자리 또는 사수자리 직원들이 자기를 과시하려는 목적으로 판돈을 크게 베팅하는 모습을 보았을 것입니다. 하지만 당신이 고용한 쌍둥이자리 직원이 선택한 내기라면 당신도 안심하고 베팅해도 좋습니다. 쌍둥이자리는 사자자리처럼 복잡하고 헛된 계획에 어마어마한 자금을 쏟아 붓지는 않습니다. 그가 모험을 강행하는 상황은, 자기의 위트에 도전을 받았을 때와 신속하게 실행하면 곧바로 보상을 얻을 수 있을 때입니다. 쌍둥이자리와의 대화에는 "뭐, 한 번 해 보죠."라든가 "해 볼 만해요." 그리고 "한 번은 해 보겠습니다."라는 말이 자주 등장합니다. 그리고 실제로 그렇게 합니다. 한 번은 시도하지만 두 번은 하지 않습니다. 너무 지겹거든요.

당신의 쌍둥이자리 직원은 야구 시즌이나 골프 플레이오프 기간에는 눈에 띄게 자주 자리를 비울 것입니다. 대부분의 수성인들은 야구나 골프 같은 스포츠를 좋아하며, 쌍둥이자리의 놀라운 손재주 덕분에 이런 스포츠를 직접 즐기는 경우도 많습니다. 그의 지능과 손재주를 합치면 못해 낼 일이 거의 없지요. 어떻게 야구공을 밀어 쳐서 담장 너머로 보낼지, 그린에서 어떻게 홀컵으로 공을 넣을지 등도 포함해서 말입니다. 쌍둥이자리는 예민한 에너지를 발산시켜 주는 스포츠를 좋아합니다. 하지만 쌍둥이자리는 자기의 수완을 단련하고 지성을 실험하는 것을 더 좋아하기 때문에, 장기적으로 보았을 때 회사 업무에서 홈런을 더 많이 치게 될 것입니다. 그래도 여전히 쌍둥이자리는 스포츠 활동을 좀 하는 편이 좋습니다. 쌍둥이자리는 대부분 불면증에 시달리는데, 운동을 하면 몸이 지쳐서 잠이 잘 오거든요. 아침 일찍 출근하는 직업을 가진 쌍둥이자리 중에는 눈 아래 다크서클을 달고 다니는 사람이 많습니다.

쌍둥이자리 직원은 분주한 활동과 즐거운 수다로 사무실 분위기를 밝게 만들어 줍니다. 그러면서도 자기 할 일은 다 하죠. 쌍둥이자리 비서는 직원들 중에서 타이핑을 가장 빨리 할 것이고 당신의 지시 사항도 가장 빨리 받아 적을 것입니다. 일반적으로 전형적인 쌍둥이자리 비서라면 어떤 주제에 대해 당신이 간단한 힌트만 던져 줘도 지적이고 명료한 문서를 작성해 낼 것입니다. 비서로서의 재능이 탁월하지만 전형적인 비서 역할만 맡기기에는 재능이 아깝습니다. 그 직원을 사무실 입구 쪽에 배치하세요. 출입문을 열고 들어오는 모든 사람들을 웃게 하는 동시에, 당신에게 걸려 온 전화를 연결하는 일도 문제없이 해냅니다.(동시에 두 가지 일을 능숙하게 처리하는 것은 쌍둥이자리 직원에게는 '누워서 식은 죽 먹기'입니다.) 언짢은 기분으로 당신에게 전화하는 사람이 눈에 띄게 줄어들 것입니다. 낯선 방문객을 부드럽고 재치 있게 반겨 줄 뿐만 아니라, 당신이 중요한 국제전화를 하고 있을 때 엉뚱한 전화를 연결하는 실수는 범하지 않을 것입니다.

쌍둥이자리와 급여나 상여금에 대해서는 당신이 직접 논의하지 말라고 경고하고 싶습니다. 차라리 근엄한 염소자리나 독선적인 황소자리, 또는 실없는 소리를 하지 않는 처녀자리를 대신 내세우는 것이 좋습니다. 그렇지 않으면 쌍둥이자리 직원이 당신을 설득할 것입니다. 당신 처남을 해고해야 줄 수 있는 직책을 달라고 하거나, 당신보다 두 배나 많은 급여를 달라고, 그것도 아주 논리적으로 설득합니다. 설득력이 강한 쌍둥이자리와는 연봉협상을 하지 않는 것이 안전합니다. 게임을 즐긴다면 한번 시도해 보세요. 하지만 결국에는 처녀자리나 염소자리 직원 두 명분의 연봉을 쌍둥이자리 직원에게 주겠다고 약속하게 될 것입니다.

쌍둥이자리 직원이 있는 사무실에서는 상처받은 영혼을 자주 보게 됩니다. 성숙하지 않은 쌍둥이자리라면, 사내에서 다른 직원을 유혹하다가 변덕스럽게 마음을 바꾸는 일을 한 달에도 한두 번씩 반복합니다. 많은 쌍둥이자리에게는 출생차트에 보다 안정적인 행성이 있지 않는 한 어린아이처럼 무책임한 면이 있습니다. 정신은 수백만 년 된 사람이나 감정은 십대입니다. 실제로 외모가 십대처럼 보이기도 합니다.

쌍둥이자리는 피터 팬처럼 나이 먹는 것을 싫어합니다. 그리고 봄마다 자기 집을 대신 청소해 주는 웬디를 필요로 합니다. 또한 웬디는 본인 집에 마음대로 들락날락하게 해 주는 너그럽고 활기찬 사람이죠. 당신이 회사에서 큐피드 역할을 좋아하는 사장이라면, 쌍둥이자리 직원에게 웬디가 아닌 다른 부류의 여성은 소개하지 않는 것이 좋습니다. 섣불리 소개했다가는 머지않아 그 직원에게 이혼 비용을 빌려 주어야 할지도 모릅니다.

회사를 정말 활기 넘치는 곳으로 만들고 싶나요? 새로운 프로젝트를 구상할 일이 있으면 양자리와 쌍둥이자리 직원을 한 방에 배치하세요. 계산기 100개와 프린터 200대쯤에서 나오는 듯한 소음 때문에 귀마개가 필요할지도 모릅니다. 크고 튼튼한 그물을 들고 쌍둥이자리 직원 옆에 서서 그가 만들어 내는 분홍색 풍선들이 하늘로 날아가기 전에 붙잡으세요. 풍선들을 모아 사무실로 가져가서는 바늘로 찌르기 전에 잘 살펴보세요. 그

중 한 개는 백만 달러짜리 아이디어가 들어 있는 풍선이
랍니다.

당신은 끝없는 우주입니다

바빌론까지는 얼마나 멀어요?
60마일하고도 10마일 더 가야지.
촛불만 들고 갈 수 있을까요?
물론이지, 돌아올 수도 있는 걸!
- 마더구스 중에서

마더구스의 순백색 깃털을 흔들고 그 이상한 주파수에 채널을 맞추면, 지혜로운 마더구스가 비밀을 보여 줄지도 모릅니다. 언뜻 유치하게 들리는 마더구스의 자장가에는 숨은 보석 같은 지혜가 담겨 있을 것입니다.

바빌론이 얼마나 멀리 있냐고요? 칼레도니아의 샌들 신은 사람들의 시대나 보석을 걸치고 향수를 뿌린 이집트 파라오의 시대에서부터 우주 시대까지는, 혹은 사

라진 아틀란티스 대륙 시대에서부터 제트 항공기 시대
인 21세기까지는 어마어마한 시간의 흐름이 있다는 것
을 알겠습니다. 하지만 실제로 그 시절이 얼마나 멀리
있는 걸까요? 어쩌면 한두 번 꿈을 꾸고 나면 닿을 수
있는 거리인지도 모릅니다.

과학 분야 중에서 유일하게 천문해석학만이 그 오
랜 세월 동안 온전하게 이어져 오고 있습니다. 그 세월
동안 변치 않고 우리 곁에 남아 있다는 사실에 놀랄 필
요는 없습니다. 천문해석학은 진실이고, 진실은 영원하
니까요. 문명이 처음 생길 때부터 마치 모든 여성들과
남성들의 목소리가 메아리치듯이 오늘날 현대에도 똑같
은 말이 반복되고 있지요. "금성이 당신의 지배행성인
가요?", "저는 황소자리로 태어났어요.", "당신의 수성도
쌍둥이자리인가요?", "그 사람이 물병자리인 걸 모르시
겠어요?"

천문해석학은 우리에게 행성 탐험이라는 흥미로운
미래를 마련해 주는 동시에 우리를 아련한 과거와 연결
해 주는 황금 끈입니다. 과거에 황당한 미래 사회에 대
한 글을 쓰거나 영화를 만들었던 사람들이 사실 몽상가

가 아니었음이 증명되고 있습니다. 너무나도 환상적인 영화 〈벅 로저스〉*는 모든 분야의 과학보다 진보한 이야기를 다루었으며, 이 우주에는 우리가 상상하는 것보다 훨씬 많은 것이 존재한다는 사실을 일깨워 주었습니다. 만화책 주인공이었던 딕 트레이시가 사용했던 양방향 손목 무전기는 이제 더 이상 환상이 아니라 현실이 되었지요. 문 메이드**의 가장 강력한 무기는 레이저 광선이라는 기적과 맞아떨어지면서 납을 물처럼 흐르게 하고 인간이 알고 있는 어떤 단단한 물질도 뚫을 수 있게 되었습니다. 쥘 베른Jules Verne과 플래시 고든Flash Gordon은 상당히 매력적인 예언가로 평가받고 있습니다. 바다 속 심연과 그보다 훨씬 먼 지구 위 하늘에는 중요한 비밀이 숨어 있다는 사실도 이제는 과학으로 밝혀졌지요.

공상과학 작가나 만화가가 연구실에 있는 과학자보다 과거와 현재 그리고 미래 사이의 실제적인 거리감에

---

* 벅 로저스(Buck Rogers): 1939년 미국에서 제작된 공상 과학 영화.
** 문 메이드(Moon Maid): 에드거 라이스 버로스의 판타지 소설 『The Moon Maid』의 주인공.

대해 더 잘 알고 있는 걸까요? 아인슈타인 박사는 시간이 상대적이라는 사실을 알아냈습니다. 시인들도 항상 알고 있었고, 과거로부터 전해 내려오는 현자들도 알고 있었습니다. 그 메시지는 새로운 것이 아니었죠. 요즘처럼 천문해석학에 관심이 쏟아지기 훨씬 이전에도 플라톤, 톨레미, 히포크라테스, 그리고 콜럼버스는 천문해석학의 지혜를 존중했고 갈릴레오, 벤 프랭클린, 토머스 제퍼슨, 아이작 뉴턴, 그리고 카를 융 같은 사람들도 천문해석학을 가까이했습니다. 존 퀸시 애덤스 대통령도 그 중 한 명이며 위대한 천문학자 튀코 브라헤, 요하네스 케플러도 추가해야 합니다. RCA* 회사의 천재 연구원 존 넬슨, 그리고 퓰리처 수상에 빛나는 존 오닐 등도 있습니다. 이들 모두 고등교육을 받은 사람들이지요.

1953년 노스웨스턴 대학의 프랑크 브라운 주니어 교수는 굴을 가지고 실험을 하는 과정에서 정말 놀라운 사실을 발견했습니다. 지금까지 과학계에서는 굴이 껍

---

* RCA(Radio Corporation of America): 1932년 설립된 미국의 전자 기업으로 미국 내에 라디오와 텔레비전을 보급했다. 1986년 제너럴 일렉트릭(GE)에 인수되었다.

데기를 열고 닫는 주기는 태어난 장소의 조수간만 주기를 따른다고 추정해 왔습니다. 하지만 브라운 박사가 롱아일랜드 해협에서 채집한 굴을 일리노이 주의 에반스턴에 있는 연구실 수조에 가져다 놓았을 때 이상한 일이 벌어졌습니다.

굴을 옮겨 놓은 곳은 항상 일정한 온도를 유지하고 늘 희미한 조명을 켜 둔 상태였습니다. 처음 2주 동안 그 옮겨진 굴은 1000마일 떨어져 있는 롱아일랜드 해협의 조수간만에 따라 껍데기를 열고 닫았습니다. 그러다 갑자기 껍데기를 굳게 닫고는 몇 시간 동안 그대로 있었습니다. 굴이 향수병으로 인해 껍데기를 닫아 버렸다고 브라운 박사 연구팀이 결론 내리려고 할 즈음 이상한 일이 생겼습니다. 굴이 다시 껍데기를 연 것입니다. 롱아일랜드 해협 밀물 시간에서 정확하게 4시간 뒤인 에반스턴 밀물 시간에, 마치 해변에 있는 굴처럼 껍데기를 열었습니다. 새로운 주기가 시작되었습니다. 자신의 리듬을 새로운 지리적 위도와 경도에 맞췄습니다. 도대체 어떤 힘이 작용했을까요? 물론 달의 힘이죠. 브라운 박사는 굴의 에너지 주기가 밀물과 썰물을 통제하는 신비

한 달의 신호에 의해서 움직인다고 결론 내릴 수밖에 없었습니다.

이와 마찬가지로 인간의 에너지와 정서적 주기도 여러 행성들로부터 오는 훨씬 더 복잡한 전자기 네트워크에 영향을 받습니다. 과학계에서는 달의 인력으로 인해 바다에서 조수간만의 차가 발생하는 것으로 인식하고 있습니다. 신체의 70퍼센트가 물로 구성되어 있는 인간이 그런 강력한 행성의 인력에 영향을 받지 않을 수 있을까요? 우주 비행사들이 행성에 다가갈 때 느끼는 엄청난 전자기력의 영향은 익히 알려진 사실입니다. 달의 인력은 여성들의 월경 주기나 출산에도 영향을 미친다고 알려져 있고, 정신병원 환자들이 달의 영향을 받는다는 의사와 간호사들의 반복되는 증언도 있습니다. 보름달이 뜨는 날에는 경찰도 힘들어한다는 얘기를 들어 보셨는지요? 농사력에 나오는 조언을 무시하고 지지대를 박거나 돼지를 잡거나 작물을 심는 농부가 있을까요? 달과 행성들의 움직임은 의회에서 논의하는 세금 문제만큼이나 중요한 문제입니다.

모든 행성 중에서도 달의 인력이 가장 두드러지고

극적인데, 그것은 달이 지구에서 가장 가깝기 때문입니다. 하지만 태양을 비롯해서 금성, 화성, 수성, 목성, 토성, 천왕성, 해왕성, 명왕성도 아주 멀리서 그 영향력을 분명히 행사하고 있습니다. 과학자들은 식물과 동물이 어떤 규칙적인 주기에 영향을 받는다는 사실을 인식하고 있는데, 그 주기는 바로 공기 중에 있는 자장이나 기압의 변동 그리고 중력과 같은 힘에 의해서 결정된다고 합니다. 지구에 영향을 미치는 이러한 힘은 별의 보이지 않는 파장이 날아오는 우주에서부터 비롯됩니다. 달의 변화, 감마선·우주선·엑스선 샤워, 배 모양 전자기 파장의 맥동, 그리고 외계로부터 오는 여타의 영향력들은 우리를 둘러싸고 있는 대기권을 지속적으로 뚫고 쏟아져 내리고 있습니다. 지구상에 있는 어떤 생명체나 광물도 그것을 피할 수 없으며 우리 인간도 마찬가지입니다.

예일대 의대 해부학 박사인 해럴드 버는 복잡한 자기장이 인간의 출생 시에 어떤 패턴을 형성하는 것뿐만 아니라 사는 동안 그 패턴을 통제한다고 언급했습니다. 버 박사는 또한 인간의 중추신경계는 전자기 에너지를 매우 잘 흡수하는, 자연계에서 가장 예민한 기관이라고 말했습니다.(인간은 굴보다 좀 더 멋있게 걷기는 하지만 굴과 똑같은 진동 소리를 듣는다는 말이지요.) 또한 우리 뇌 속에 있는 세포 10만 개는 전기가 흐를 수 있는 무수히 많은 회로를 형성하고 있습니다.

그러므로 우리 몸과 뇌 속에 있는 미네랄과 화학 물질 및 전기적인 세포는 태양의 흑점, 일식 그리고 행성의 움직임에서 발생하는 모든 영향에 반응합니다. 인간도 다른 모든 살아 있는 유기체와 마찬가지로 우주의 끊임없는 밀물과 썰물에 반응합니다. 하지만 인간은 고유의 자유의지가 있기 때문에 그런 외부의 영향력에 구속될 필요는 없습니다. 다시 말해서 우리의 정신은 이러한 행성들의 영향보다 더 우위에 있다는 뜻입니다. 그러나 불행하게도 우리 대부분은 자유의지(정신의 힘이지요.)를 사용하지 못하고 있고, 우리의 운명을 미시건 호수나 옥수수자루만큼이나 제어하지 못하고 있습니다. 천문해석가의 목표는 사람들이 인생의 급류에 그냥 쓸려 다니지 않고 그 흐름에 맞서 싸우는 방법을 얻도록 도와주는 것입니다.

천문해석학은 과학인 동시에 예술입니다. 비록 많

은 사람들이 그 기본적인 사실을 무시하고 싶어 하지만 결코 간과할 수 없습니다. 많은 천문해석가들은 사람들이 천문해석학과 관련한 직감만을 언급하는 것에 대해 분노하고 있습니다. 천문해석가들은 직감과의 연관성을 언급하는 말에 대해서 '천문해석학은 수학에 기초한 정확한 과학이다. 절대로 직감력과 동일선상에서 언급되어서는 안 된다.'라고 강력하게 주장합니다. 저는 그들의 의견도 진정성이 있다고 생각하지만, 왜 그 두 가지를 전혀 다른 것으로 구분해야 하는지 계속 의문이 듭니다. 오늘날에는 문외한들도 자신의 초능력을 알아보기 위해서 책이나 게임 또는 연구 실험을 시도하고 있습니다. 천문해석가라고 그러지 말아야 한다는 법은 없습니다. 육감을 가지고 있거나 개발하고 있는 소수의 사람들을 닭이 머리를 모래에 숨기듯 모른 척해야만 할까요?

천문해석학의 출생차트 계산이 수학적 데이터와 천문학적 사실에 근거한다는 점을 고려한다면 천문해석학은 정확한 과학입니다. 의학도 사실과 연구에 기초한 과학입니다. 그럼에도 불구하고 모든 훌륭한 의사들은 의학이 또한 예술이라는 점을 인정하고 있습니다. 의사들은 직감적 진단을 하는 동료들이 있다는 것을 인식하고 있습니다. 내과 의사들은 개인마다 정도의 차이는 있지만 의학적으로 입증 가능한 사실을 해석함에 있어서 그들에게 막대한 도움을 주는 예민하고 특별한 감각이 있다고 말할 것입니다. 의학적 이론을 종합하여 환자의 개인 이력과 관련된 실험 결과를 해석하는 것은 공식처럼 미리 결정되어 있지 않습니다. 의사의 직감적 통찰력이 없이는 불가능한 과정입니다. 그렇지 않다면 의학은 그냥 전산화하면 그만일 것입니다.

　음악도 또한 엄격한 수학 법칙이라는 과학적 토대가 있는 분야로, 코드 진행에 대해 공부해 본 사람이라면 누구나 알고 있을 것입니다. 간주곡들은 논쟁의 여지 없이 수학적 비율에 의해 결정됩니다. 하지만 음악 역시 예술이지요. 누구나 〈월광〉이나 〈바르샤바 협주곡〉을 배울 수는 있지만 벤 클리번의 연주가 다른 사람들과 다른 것은 그 감각 또는 직감적 통찰력의 차이일 것입니다. 음표와 화음은 언제나 수학적으로 정확하게 똑같습니다. 하지만 그에 대한 해석이 다른 것이죠. 이것이 바로 과학이라는 단어의 정의와는 전혀 관계가 없는 명확한 현실입니다.

천문해석학을 남에게 가르칠 수 있을 정도로 아주 훌륭하게 공부하는 지적인 사람들도 있지만, 천문해석학이라는 과학을 예술의 경지로 끌어올릴 수 있는 감각적 해석이나 직감적 통찰력을 겸비하는 사람은 많지 않습니다. 물론 정확하고 도움이 될 만한 천문해석학 분석을 제공하기 위해 심령술사나 영매가 될 필요는 없지만, 천문해석가의 직감력은 분명히 출생차트를 종합하고 분석하는 데에 도움을 주는 자산이 됩니다. 물론 그런 직감력이 있는 천문해석가도 기본적으로 수학 계산에 능숙해야 하며 자신의 예술에 있어 과학적인 기본 사항을 엄격히 준수하는 태도가 있어야겠죠. 그런 천문해석가는 의식적인 능력과 무의식적인 능력을 잘 조합하여 사용하기 때문에, 당신은 유능하고 전문적인 천문해석가들을 두려워할 필요가 없습니다. 오히려 그런 사람을 만날 수 있다면 행운이지요. 어떤 분야에서든 예민한 통찰력을 보유한 사람은 드물답니다.

요즘에는 천문해석학의 인기가 높아지면서 갑자기 돌팔이 천문해석가들이 많이 나타났지만, 정말로 필요한 제대로 된 천문해석가와 스승은 많지 않습니다. 가까운 미래에는 천문해석가가 유수의 대학에서 '별의 과학'을 전공한 전문가로 인식될 날이 올 것입니다. 행성들이 인간의 행동에 미치는 영향에 대한 중요한 연구는, 옛날 유럽에서 그랬던 것처럼 주요 대학에서 교과목으로 가르치게 될 것입니다. 천문해석학을 가르치고 연구할 수 있는 능력이나 개인차트를 분석할 수 있는 능력이 출생차트에 나타나는 학생들만 받게 될 것이며 그 과정은 법대나 의대만큼이나 어려울 것입니다. 자기장, 기후 조건, 생물학, 화학, 지질학, 천문학, 수학, 사회학, 비교종교학, 철학, 심리학도 공부해야 하고 천문 차트를 계산하는 방법과 해석하는 방법도 공부해야 하며 졸업생들은 천문해석가(D.A.S: Doctor of Astral Science)라는 자격을 부여받아야 간판을 걸 수 있을 것입니다.

현재의 연구 단계에서 초보자들이 천문해석학에 가장 안전하고 타당하게 접근할 수 있는 방법은 열두 개 태양별자리에 대해 완벽하게 공부하는 것이며, 이것은 마치 응급조치나 건강 상식을 공부해서 의학이론에 익숙해지는 것과 마찬가지입니다.

언젠가 인류는 천문해석학, 의학, 종교, 천체물리학, 정신과학이 모두 하나라는 사실을 발견할 것입니다. 그 모든 것이 합쳐져야 비로소 완벽한 전체를 이루게 됩니다. 그때까지 각 분야는 조금씩의 결함을 가지고 있을 것입니다.

천문해석학에는 서로의 의견이 충돌하는 혼란스러운 부분이 있습니다. 바로 환생에 대한 의견입니다. 오늘날에는 누구나 긍정적이든 부정적이든 윤회설에 대한 의견이 있을 것입니다. 물병자리 시대로 들어가는 20세기에는 여기저기에서 점괘판이나 잔 딕슨*에 대한 이야기를 듣게 됩니다.

전문적인 천문해석가들은 윤회설 또는 카르마를 바탕에 깔고 해석하지 않으면 천문해석학은 불완전한 것이라고 믿고 있고, 저 또한 그렇습니다. 윤회설을 강하게 부인하는 사람들이, 특히 천문해석학이 상대적으로 낯선 서양에 많이 있습니다. 천문해석학을 활용하기 위해서 반드시 환생 이론을 받아들여야 하는 것은 아닙니

---

* 잔 딕슨(Jeanne Dixon, 1904~1997): 미국의 유명한 점성가이자 심령술사.

다. 또한 전생 혼의 존재는, 아무리 논리적으로 설명하더라도 과학적으로 규명된 적이 한 번도 없습니다.(문서로 남긴 설득력 있는 정황 증거와 성경이 있기는 합니다.) 환생은 그 특성상 확실하게 손에 잡히는 증거를 영원히 확인할 수 없을지도 모릅니다. 고대인은 진화한 영혼이 끊임없이 다시 태어나는 환생 주기를 끝내려면 카르마의 진실을 추구하는 단계에 도달해야만 한다고 가르쳤습니다. 그러므로 환생을 믿는 것은, 우주에서 환생이 존재하고 있다는 것과 현생의 삶에서 그 카르마가 말하는 의무가 어떤 의미인지 찾을 수 있는 진화한 영혼에게는 선물이자 보상입니다. 그 깊은 신비가 증명되면 개개인이 스스로의 의지로 그것을 발견하기 위해 애쓸 필요가 없어지기 때문에, 영원히 증명되지 않고 각자 자신의 마음속에서 환생에 대한 답을 찾아야 하는지도 모릅니다. 하지만 스스로 찾기 위해서는, 다른 사람들이 무엇이 거짓이고 무엇이 참인지 발견해 놓은 지식을 배워야만 할 것입니다. 놀라운 예언가인 에드거 케이시에 대한 책이 호기심 많은 초심자들의 이해를 도울 만하고, 환생에 대해서는 훌륭한 책들이 많이 나와 있으니, 몇 권 골라서 본다면 여러분이 스스로 환생이 고려할 만한 가치가 있는 주제인지 아니면 단순한 사술인지 생각을 정리하는 데에 도움이 될 것입니다. 이것이 우리가 직접 찬반양론을 철저하게 조사하고 삶과 죽음에 대한 문제에 접근하는 유일한 방법일 것입니다.

현대에는 보이지 않는 영향력에 대한 관심이 새롭게 일어나고 있으며, 독심술에 대한 관심이 그 좋은 예라고 할 수 있습니다. 미국항공우주국에서는 지구와 우주 비행사 사이의 통신이 두절되는 상황에 대비하기 위해 막대한 자금을 투자하여 선별된 우주 비행사들을 대상으로 감각적 인식을 통해 메시지를 전달할 수 있는지 확인하는 초감각적 지각 실험을 진행하고 있습니다. 이런 연구 분야에서 러시아가 미국보다 훨씬 앞서 있는 것으로 전해지는데, 이것을 보면 독단적이고 물질주의적인 사고를 배제해야 하는 이유를 알 수 있습니다.

사람들 사이의 이런 보이지 않는 파장에 대한 성공적인 실험결과 덕분에 의사들도 관심을 가지게 되었습니다. 의학계는 암이나 패혈증, 인두염과 같은 질병이 정신적·감정적 긴장으로 유발된다는 사실을 오래 전부터 인정해 왔으며, 오늘날에는 환자의 성향이 암의 진전과 분명한 관계가 있다는 이론을 확립하고 있습니다. 최근 기사에서는 저명한 의사들이 정신과 의사들과의 협력을 통해 어떤 환자가 질병에 예민한지 사전에 확인해서 질병을 조기에 치료하거나 예방할 수 있도록 해야 한다는 주장이 나왔습니다. 하지만 천문해석학에서는 질병이 정신과 감정에 의해 발생하며 그러므로 정신과 감정을 통해 통제하거나 제거할 수 있다는 것을 오래 전부터 인지해 왔습니다. 또한 특정 행성의 영향을 받는 순간에 태어난 사람은 특정 질병이나 사고에 노출될 확률이 높거나 또는 반대로 면역성을 가지고 있다는 사실 또한 알고 있었습니다. 환자의 출생차트 상에 행성들의 위치와 각도를 보면 의학에서 찾는 지식을 잘 알 수 있답니다.

고고학과 인류학에서 발견한 내용에 의하면 고대 이집트에서는 천문해석가이자 의사인 사람들이 고도의 기술로 뇌수술을 했던 것으로 밝혀졌습니다. 오늘날에도 진보적인 의사들은 고대 그리스 의사들이 했던 방법을 따라 달이 이동하는 별자리를 남몰래 체크하기도 합니다. 고대 의사들은 히포크라테스 계율에 따라 '달별자리에 해당하는 신체 부위나 달이 90도 혹은 180도를 맺는 신체 부위에는 칼을 대지 않는다.'라는 내용을 실천했습니다. 의학적인 천문해석학과 그 가치에 대해서는 질병의 원인과 예방 차원에서 논의해야 할 부분이 많고 또한 워낙 방대한 주제이므로 별도의 책에서 다루어야 할 것입니다.

의학계뿐만 아니라 일부 여행사나 보험 회사, 항공사에서도 치명적인 항공기 충돌 사고가 탑승객과 승무원의 출생차트와 관계있는지 은밀하게 조사하고 있습니다. 우리는 고대의 지식으로부터 물질적 사고 방식으로 후퇴했다가 많은 시간이 흘러 다시 진실로 나아가고 있습니다. 세월이 흐르면서 행성들은 그 장엄하고 확고한 궤도를 변함없이 유지하고 있습니다. 고대 바빌론의 하늘과 베들레헴의 하늘에서 빛나던 별들은 지금도 엠파이어스테이트 빌딩 위에서 또는 동네 뒷산 하늘 위에서 여전히 빛나고 있습니다. 그 별들은 수학적으로 정확한 주기를 가지고 있고, 여전히 인간을 포함한 이 지구 위에 있는 모든 생명체에 영향을 미치고 있으며, 지구가 존재하는 동안에는 앞으로도 변함없이 그럴 것입니다.

천문해석학은 운명론이 아니라는 점을 항상 기억해 주시기 바랍니다. 별은 어떤 경향을 부여할 뿐 강요하지는 않습니다. 우리 대부분은 행성과 출생차트의 영향뿐만 아니라 주변 환경과 물려받은 유전적인 환경에도 맹목적으로 순종해야 하고 이러한 환경의 힘이 우리보다 더 강력하다고 생각하는 경향이 있습니다. 우리가 이런 모든 요소들에 대해 통찰력이 없기 때문에 저항도 하지 않는 것이죠. 그럴 때, 우리의 별자리는 마치 지문처럼 우리에게 맞아떨어집니다. 우리는 우리를 움직이는 그 힘을 경멸하든 무시하든 간에 인생이라는 체스 게임에서 말처럼 움직여집니다. 하지만 누구든 태어날 때의 환경상의 어려움은 극복할 수 있습니다. 우리의 의지력이나 정신력을 이용하여 누구든 자신의 기분을 조절하고 인성을 변화시키고 자신의 환경과 태도를 제어할 수 있습니다. 이렇게 할 수 있을 때 우리는 비로소 체스판의 말이 아니라 그 말을 움직이는 주체가 됩니다.

당신은 "나는 태어날 때부터 그런 힘이나 능력이 없어."라고 말하면서 별을 따르는 것을 주저하시는지요? 당신은 보이지도 들리지도 말하지도 못하는 자신을 극복하기 위해 심원한 내면의 의지력을 발휘했던 헬렌 켈러보다 더 많은 것을 가지고 태어났습니다. 헬렌 켈러는 자신의 출생차트 상의 어려운 요소들을 명예, 부, 존경 그리고 수많은 사람들에 대한 사랑으로 바꾸었으며, 그렇게 행성들의 영향력을 극복했습니다.

두려움 때문에 내일을 바라보지 못하시나요? 무지개에 닿기도 전에 우울함과 비관주의가 당신의 무지개를 회색빛으로 물들이나요? 미국 영화배우였던 퍼트리샤 닐은 우울함과 불안함을 강철 같은 정신력으로 탈바꿈시켰습니다. 그녀는 비극 앞에서도 미소를 보였고 그 미소는 치명적인 마비 증상까지도 날려 버릴 만큼 충분한 감정적인 에너지를 발산해서 의사들도 깜짝 놀라게 만들었지요.

신문 지상에서 떠들어 대는 것처럼 미국이 냉전 시대, 국민적 혹은 국제적 몰이해, 범죄율 증가, 불평등, 편견, 도덕적 해이, 윤리 상실, 그리고 어쩌면 핵폭발로 곧 사라질 위기에 처해 있다고 걱정하고 계시나요? 윈스턴 처칠도 개인적으로 그리고 국가적으로 패배에 직면한 적이 있었죠. 하지만 그는 눈을 반짝거리면서 강철 같은 의지를 품고 마음속으로 기도를 했습니다. 이 세 가지로 그는 한 사람의 용기가 수많은 사람들에게 맹목적인 낙관주의와 굳건한 힘을 일깨워 주는 기적을 일구어 냈습니다. 결과적으로 그런 파장은 공포를 녹여 버리고 세상에 영감을 주었으며 승리를 이끌어 냈습니다. 처칠은 자신과 자신의 국가가 체스판의 말이 되기를 거부하였던 것입니다.

그런 사람들은 특별한 경우라고 생각하시나요? 당신도 기적을 만들어 낼 수 있습니다. 누구나 할 수 있습니다. 당신에게도 강력한 행성들의 전자기력에 대한 면역력을 기를 수 있는 충분한 힘이 있습니다. 그럼에도 불구하고 너무 쉽게 포기해 버리고 당신의 잠재력을 깨닫지 못한다면 정말 안타까운 일이지요.

증오와 두려움을 정복하고 나면 우리의 의지는 자유로워지고 엄청난 힘을 발휘할 수 있게 됩니다. 이것이 바로 말 없는 별들에 담겨 있는 당신 출생의 메시지입니다. 그러니 귀를 기울여 보세요.

어떤 고대 전설에서는 힘과 주술적 비밀을 알고 싶

어서 현명한 마술사를 찾아가는 남자의 이야기가 있습니다. 마술사는 그를 맑은 호숫가로 데리고 가서 무릎을 꿇게 했지요. 그러자 그 현명한 마술사는 사라져 버리고 혼자 남겨진 그 남자는 물 속에 비친 자기 모습을 보게 되었습니다.

"내가 하는 것을 그대도 할 수 있다.", "구하라, 그러면 얻을 것이다.", "두드려라, 그러면 열릴 것이다.", "진실을 추구하라, 진실이 너희를 자유롭게 하리라."

바빌론까지는 얼마나 멀어요?
60마일하고도 10마일 더 가야지.
촛불만 들고 갈 수 있을까요?
물론이지, 돌아올 수도 있는 걸!

이것은 시일까요 아니면 수수께끼일까요? 이 우주 속에 있는 모든 것은 우주 법칙의 일부이며 천문해석학은 그 법칙의 기본입니다. 천문해석학에서 종교와 의학, 천문학이 생겨난 것이지 그 반대가 아닙니다.

고대 그리스의 도시였던 테베에는 열두 별자리가

조각되어 있는데 아주 오래된 것이라 정확한 기원은 알수 없습니다. 아틀란티스일지도 모릅니다. 하지만 그 상징들을 어디서 가져왔고 누가 새겼든 간에 그 메시지는 영원합니다. '당신은 끝없는 우주입니다.' 그리고 아직까지 하나의 별밖에 보지 못했답니다.

당신의 별자리

쌍둥이자리

2012년 12월 21일 초판 1쇄

지은이 린다 굿맨 ‖ **옮긴이** 이순영
펴낸이 이순영 ‖ **편집** 이루리 ‖ **디자인** 오빛나 ‖ **덕담** 최우근 ‖ **박은곳** 한영문화사
펴낸곳 북극곰 ‖ **주소** 서울시 은평구 진관동 은평뉴타운 우물골 239동 1001호
전화 02-359-5220 ‖ **팩스** 02-359-5221
이메일 bookgoodcome@gmail.com ‖ **홈페이지** www.bookgoodcome.com
블로그 http://blog.naver.com/codathepolar ‖ **페이스북** 도서출판 북극곰
ISBN 978-89-97728-21-3 03180   **값** 9,000원

Linda Goodman's Sun Signs

©1968 by Linda Goodman

Korean translation rights arranged with Taplinger Publishing Co., Inc.